# CZTERY KROKI DO ZDROWIA

STEFANIA KORŻAWSKA

# CZTERY KROKI DO ZDROWIA

Twoje zdrowie

BLIK FX

Skład i łamanie: *Małgorzata Słońska*

Projekt okładki: *Robert Szubierajski*

Zdjęcie na okładce: *Michał Korżawski*

Ilustracje ziół: *Elżbieta Rączka*

Druk i oprawa: *Wydawnictwo Michalineum*

Wydawca: *BLIK FX*



Wszystkie informacje zawarte w tej książce nie mogą zastąpić konsultacji uprawnionego lekarza.

Wydanie czwarte

Warszawa 2016

ISBN 978-83-65505-04-0

Wydawnictwo BLIK FX
Dystrybucja: *biuro@blikfx.pl*

# WSTĘP

## *Cztery kroki do zdrowia to skarb od Natury*

*Otrzymuję codziennie wiele listów. Ileż w nich cierpienia, bólu, rozpaczy, goryczy, bowiem choroby to mocarze, a my przy nich bezradni jak dzieci, bo zostaliśmy niejako pozbawieni kontroli nad własnym ciałem. Według nowoczesnej nauki wszystko dzieje się w organizmie bez naszej wiedzy, wszak choroba to wina uszkodzonych genów, niewłaściwej pracy komórki. W takim przypadku rzeczywiście nie jesteśmy odpowiedzialni za choroby, skoro jakaś niewidzialna siła popsuła nam geny, burzy pracę komórek. Zdrowie więc powierzamy wyuczonym specjalistom od chorób, wielkim szpitalom z drogocennym sprzętem medycznym, aptekom wyposażonym w chemiczne medykamenty. Wyspecjalizowane placówki ratują nam życie, ale zdrowia nie budują. Nie mają takiej możliwości, bowiem środki, którymi dysponują, leczą tylko skutek choroby. Przyczyna jej nadal pozostaje. Szczególnie zagrożone jest młode pokolenie. Pierwsze pokolenie w dziejach świata, które wychowane jest na barwnej, chemicznej papce. Nic więc dziwnego, że młodzi są słabi i fizycznie, i psychicznie, stąd coraz straszniejsze choroby atakują ich organizmy.*

*Zaś nowoczesna medycyna, choć silna jak Goliat, jest całkowicie bezradna w obliczu takich chorób jak alergie, nowotwory, nie potrafi też wyleczyć większości chorób cywilizacyjnych. To prawda, że coraz rzadziej ludzie umierają chociażby z powodu nadciśnienia czy wieńcówki, wszak tabletki życie przedłużają, ale pacjent skazany jest na tabletkowe dożywocie. Tabletka zaś jak wiadomo na jedno pomaga, a na drugie szkodzi.*

*Dlatego, gdy choroba nas dopadnie, idealnie byłoby połączyć siły medycyny tabletkowej i naturalnej. Tabletki uratują życie, zioła i prawdziwe pożywienie będą od początku budowały zdrowie.*

*Jednak, żeby tak się stało, musi być przekazana nam wiedza dotycząca podstaw zdrowego życia. Potrzebne jest więc powszechne nauczanie, byśmy mogli podjąć trud pracy nad własnym organizmem, byśmy mogli dorosnąć do zdrowia jak dorasta się do podjęcia ważnych decyzji życiowych.*

*W książce „Cztery kroki do zdrowia" wyrysowałam drogę, która radośnie wije się wśród złocistych pól, urokliwych łąk i soczystej zieleni lasów. Na niej trzeba postawić „Cztery kroki do zdrowia". Dla chorego jednak każdy krok to wejście w nowe, musi bowiem zauroczyć się delikatnymi zapachami natury, musi pokonać żołądek, który będzie tupał nóżkami i upominał się o znane mu chemiczne pożywienie.*
*Musi też pozbyć się złych emocji, bo umysł nieuporządkowany to anarchia w organizmie. A w chaosie system odpornościowy, nasz wewnętrzny lekarz nie będzie mógł podejmować właściwych decyzji.*
*I musi wzmocnić ducha walki. Bez niego bowiem nie da rady wykrzesać w sobie tyle sił, żeby nawet na krok nie ustąpić chorobie. Żeby zaś nie ustąpić chorobie, trzeba koniecznie wdrożyć czytelny system i wytrwać w nim jak w gorsecie. Chory bowiem nie ma już czasu na błądzenie. Ten czytelny system to kuracja „Cztery kroki do zdrowia".*

*Pewien młody mężczyzna ciężko chory na raka płuc skarżył się na brak zajęć w szpitalu. Powiedziałam mu, żeby wdrożył system cztery kroki do zdrowia, wtedy dzień będzie miał wypełniony, wszak system to systematyczna praca dla własnego zdrowia. Po kilku miesiącach zadzwonił do mnie i radośnie opowiadał o swoim zwycięstwie. Droga do zdrowia nie była dla niego łatwa, nie zawsze wszystko wychodziło, czasami błądził, ale najważniejsze, że ją poznał. Bo bezpieczniej się błądzi – powiedział, jeśli się wie, dokąd wrócić.*

*Zapraszam Państwa na tę drogę, jest urokliwa, przyjazna, bo otwarte serce Natury wciąż mocno bije i przekazuje skarb najcenniejszy – zdrowie.*

*wierna przyjaciółka ziół*
*Stefania Korżawska*

*liść orzecha włoskiego*

***Warto podjąć walkę o zdrowie, bowiem żyć i chorować to proste, ale żyć i być zdrowym jest sztuką, której trzeba się nauczyć.***
***W życiu społecznym mamy wiele praw i nawet ich nieznajomość nie zwalnia nas od odpowiedzialności. Tak samo jest w naszym życiu, są prawa, których musimy przestrzegać, jeśli pragniemy bezpiecznie i bez chorób ukończyć drogę. Za ich nieznajomość płacimy własnym życiem.***

*Stefania Korżawska*

*przywrotnik*

# KURACJA
# CZTERY KROKI DO ZDROWIA

***Szkoda, że zapominamy o darach naszego Pana, a Jego pożywienie aż ugina się od zdrowia, zaś Jego lekarstwa aż wyskakują na drogi, otwierają serca pełne miłości, by spieszyć nam z pomocą.***

*Stefania Korżawska*

dziewanna

***Kuracja cztery kroki do zdrowia to czytelny system, który trzeba wdrożyć i wytrwać w nim jak w gorsecie.***

***Stefania Korżawska***

## ⋆ krok - Oczyszczenie organizmu

W czasie postu organizm odpoczywa od ciężkostrawnego pożywienia, ma więc czas nie tylko na wydalenie chorobotwórczych złogów i toksyn, ale także na rozpoznanie błędów w funkcjonowaniu poszczególnych narządów.

## ⋆ II krok - Zagłodzenie choroby

Chory musi mieć zapewnione tylko takie pożywienie i takie ziołowe napoje, by organizm mógł je przyjąć i podtrzymać procesy życiowe. W ten sposób odetnie chorobie źródło utrzymania.

## ⋆ III krok - Odnowienie organizmu

Energetyczne pożywienie, inaczej naturalna kroplówka zostanie przyjęte i przetworzone na życiodajną energię nawet przez osłabiony, niewydolny organizm. I wtedy powoli, ale systematycznie nastąpi proces jego odnawiania.

## ⋆ IV krok - Budowanie zdrowia

Prawdziwe pożywienie buduje zdrowie. Kto pragnie być zdrowy, winien mądrze się odżywiać. Szczególnie zaś uzdrowiony z ciężkiej choroby musi rygorystycznie przestrzegać zasad zdrowego odżywiania, wszak zdrowie nie jest dane raz na zawsze, należy więc każdego dnia je budować.

## Drogowskazy zdrowia – chory winien ustawić je w swoim życiu!

- ✓ W Biblii zostało napisane, że radość jak lekarstwo oczerstwia człowieka. Należy więc wykrzesać radość, odrzucić zaś strach, płacz i przygnębienie. Pokornie stanąć przy Bogu i z ogromną wiarą wykonywać Jego plan działania. Przyjmować z radością każdy najprostszy kęs Jego prostego pożywienia, ufając, że Stwórca pragnie naszego zdrowia. Nie narzekać na swój los, bo choroba może okazać się dla nas dobrodziejstwem, wszak Bóg różnymi drogami prowadzi każdego do prawdy i szczęścia.

- ✓ Podczas budowania zdrowia nie wolno ani na chwilę zapomnieć o spożywaniu właściwego pożywienia.

- ✓ Herbatę czarną czy zieloną zastąpić życiodajnymi herbatkami ziołowymi.

- ✓ Zapomnieć o kawie, żadnych napojów barwionych ani surowych soków.

- ✓ Od jesieni do wiosny polecam warzywa obgotowane lub gotowane, które można łączyć z kaszą lub z mięsem. Surowe warzywa powinno się spożywać przede wszystkim latem, gdy jest gorąco, wtedy można nieco odświeżyć organizm.

- ✓ Przynajmniej na początku kuracji zrezygnować z surowych owoców. Polecam zaś jabłka pieczone, można nawet zjeść 2 – 3 dziennie, doskonale oczyszczają jelita, tym samym dają szansę na odbudowę dobrej flory bakteryjnej, likwidują dokuczliwe zaparcia. Latem oczywiście spożywamy owoce sezonowe, jednak z umiarem, wszak surowe owoce wychładzają organizm, a budujący zdrowie nie może sobie pozwolić na jego zbytnie wychłodzenie. Proszę uważać na truskawki, są smaczne, ale śluzotwórcze, takie same są śliwki, także morele, brzoskwinie, ciężkostrawne są również surowe gruszki. Najzdrowsze są czarne jagody, te można spożywać i surowe, i gotowane.

✓ Żadnych owoców i warzyw mrożonych, być może są źródłem witamin i mikroelementów, ale energia w nich zawarta została wyniszczona. Dla organizmu takie pożywienie stwarza duży problem, bowiem musi na jego strawienie zużyć własną energię, a niestety nowej, życiodajnej energii od martwego jedzenia nie otrzyma. Na zimę suszymy, a nie mrozimy natkę pietruszki, nać selera, koperek.
Pamiętajmy również o suszonej pokrzywie, którą można dodawać jako niezwykle cenną odżywkę do energetycznego rosołu.

✓ Cukier i słodycze – to najwięksi sprzymierzeńcy choroby. Miód prawdziwy można spożywać w małych ilościach. Miód przegotowany jest nieszkodliwy, wszak nie zawiera chorobotwórczego śluzu, dlatego zdrowe i cenne jest winko św. Hildegardy (przepis s. 109) czy winko daktylowe „Duchowa strawa dla ciała" Nostradamusa (przepis s. 108).

✓ Gotowane jajko jak czekolada szybko uzupełni brakującą energię, ma ogromną wartość odżywczą, a do tego zawiera lecytynę i cholinę, dzięki którym wątroba szybciej rozprawi się z tłuszczami. Nie łączyć go z chlebem, także z cukrem.

✓ Przetwory mączne spożywać w małych ilościach, tylko od czasu do czasu.

- ✓ Sól i ocet w niewielkich ilościach, do smaku. Duże ilości soli i octu czynią soki życiowe twardymi.

- ✓ Dla organizmu chorego również mleko i jego przetwory to duży problem. Zamiast więc mleka można spożywać zmielone ziarno sezamu, 1 – 2 łyżki dziennie. Jest źródłem lekkostrawnego wapnia.

- ✓ Papierosy, alkohol, narkotyki – systematycznie podpalają ciało i ducha, dokładnie tak samo, jakbyśmy swój dom polewali benzyną i podpalali. Jeśli nawet chory człowiek gasi pożar zdrowym pożywieniem i herbatkami ziołowymi, to i tak w organizmie te używki będą czyniły pogorzelisko.

- ✓ Mało wartościowe jest pożywienie przygotowywane na płytach elektrycznych, całkiem bezwartościowe i wręcz szkodliwe jest z mikrofalówki. Najzdrowsze pożywienie jest gotowane na ogniu – najsilniejsze źródło energii to drzewo, następnie węgiel, dużo słabsze gaz, natomiast prąd elektryczny nie przekazuje energii, a nawet naukowcy zbadali, że ją podczas gotowania zabiera produktom spożywczym.

- ✓ Dzień bez zupy albo energetycznego rosołu to stracony dzień dla organizmu.

- ✓ Zamiast chemicznych przypraw dodawać do posiłków znakomite ziołowe przyprawy – majeranek, kminek, czarnuszka, koper włoski, bazylia, cząber, kolendra, lebiodka czy wspaniały lubczyk. Możemy wykorzystywać zielone, soczyste zioła chociażby wyhodowane na kuchennym parapecie, ale równie wartościowe są suszone. Wtedy najlepiej wszystkie wymieszać, zemleć w młynku do kawy, wsypać do słoiczka i dodawać do każdej zupy, sosu czy sałatek warzywnych.

Nie zapominajmy też o takich ziołowych czarodziejach, jak: kurdybanek, hyzop, pokrzywa i mniszek lekarski.

✓ Trzeba zadbać o jelita – gdyby w czasie kuracji dokuczały zaparcia, rano zamiast śniadania podawać napój poranny, ewentualnie dodatkowo 2 – 3 łyżeczki babki płesznik.

✓ Pożywienie ma służyć zdrowiu. Niech więc umysł pomyśli, jakie pożywienie wybrać dla zdrowia, wszak żołądek w tym względzie jest złym doradcą. Zjeść ½ porcji dla zdrowia, za drugie ½ dla choroby grzecznie podziękować.

✓ Choroba nie lubi ciepła, jasności, porządku, kocha zaś wilgoć, ciemność, chaos – drogowskazy zdrowia, które czytelnie wskazują kierunek do zdrowia, są więc dla niej realnym zagrożeniem.

kalina

*Im więcej źle rozumianej wolności, tym więcej chorób i cierpienia, bo życie tak naprawdę wtedy jest wolne, kiedy przestrzegamy praw nim rządzących, i wtedy jest wartościowe, jeśli jesteśmy za nie odpowiedzialni. Musimy wziąć więc odpowiedzialność za swoje ciało, za swoje zdrowie, za swoje czyny i za swoje myśli. I wszystko po to, by mądrze i bezpiecznie przejść przez życie*

*Stefania Korżawska*

# KURACJA CZTERY KROKI DO ZDROWIA – JADŁOSPIS

*Zdrowe pożywienie i życiodajne herbatki z polskich ziół to gwarancja zdrowia. To gwarancja Boga, który stworzył człowieka i powierzył mu całe bogactwo natury, dlatego trzymać się należy mocno Bożej mądrości.*

*Stefania Korżawska*

# I krok – oczyszczenie organizmu

Oczyszczenie organizmu powinno trwać minimum 1 tydzień. W tym czasie najlepiej spożywać krupnik z kaszą jaglaną i popijać herbatki ziołowe oczyszczające.

Gdy organizm jest bardzo wyniszczony, spożywać należy tylko energetyczny rosół z kaszą jaglaną. Jeśli słaby organizm nie będzie w stanie nawet przyjąć kaszy jaglanej, popijać sam rosół aż stan zdrowia się poprawi.

***uwaga:***
*Więcej na temat oczyszczenia organizmu można przeczytać w książce „Drogowskazy zdrowia" s. 146 – 164.*
*Dla tych, którym ciężko byłoby wytrwać cały tydzień na tym prostym, choć niezwykle wartościowym dla organizmu pożywieniu, podaję dietę postną bardziej urozmaiconą w książce „Odchudzanie bez odchudzania".*

**★ krupnik z kaszy jaglanej**

skład:

4 drobno pokrojone marchewki, 1 pietruszkę, kawałek selera, ½ szklanki starannie umytej kaszy jaglanej, 6 szklanek wody, sól do smaku, pieprz ziołowy.

wykonanie:

Wszystko gotować około 30 minut. Pod koniec gotowania wrzucić drobno pokrojoną natkę pietruszki, koperek. Od wiosny do jesieni można dodać kilka liści mleczu, pokrzywy. Wtedy zupka uzyska dodatkowe wartości odżywcze i zdrowotne.

zastosowanie

Krupnik można spożywać nawet kilka razy dziennie, znakomicie oczyszcza i odkwasza organizm.

### ✶ marchwianka, czyli zupa marchewkowa

skład:

1 kg marchewki, 2 litry wody.

wykonanie:

Marchewkę dokładnie umyć, oskrobać, pokroić wzdłuż na 4 części, wrzucić do wrzącej wody. Gotować na małym ogniu ½ godziny, całość zmiksować.

zastosowanie:

Zupkę spożywać ciepłą w ciągu dnia. Polecam ją nawet tym, u których żołądek nie przyjmuje pożywienia. W marchwi znajdują się związki siarkowe, zwane „czynnikami bifidus", które odgrywają poważną rolę w zwalczaniu zaburzeń trawiennych.

### ✶ zupka pokrzywowo – mniszkowa

skład:

4 marchewki, 2 średniej wielkości pietruszki, kawałek selera, garść młodej pokrzywy i mniszka lekarskiego, czyli popularnego mleczu, 5 szklanek wody.

wykonanie:

Warzywa obrać, umyć i wrzucić do wrzącej wody, dodać ½ łyżeczki kamiennej soli i 1 łyżeczkę ziołowego pieprzu. Po 20 minutach wsypać dokładnie umyte i drobno pokrojone zioła. Gotować 5 minut. Gdy zupka przestygnie, zmiksować ją.

zastosowanie:

Zupkę spożywać ciepłą przez cały dzień. Oczyszcza organizm z różnych złogów. Wzmacnia system odpornościowy.

### ✶ jagody czarne lub jabłka z nieoczyszczonym ryżem

skład:

4 szklanki czarnych jagód, 2 szklanki nieoczyszczonego, gotowanego ryżu.

wykonanie:

Do naczynia żaroodpornego wlać ½ szklanki wody, a następnie położyć warstwę ugotowanego, nieoczyszczonego ryżu. Wsypać umyte i osączone jagody i przykryć warstwą ryżu. Piec w mocno nagrzanym piekarniku ½ godziny.

zastosowanie:

Zapiekankę ryżowo – jagodową należy spożywać w ciągu dnia. Dostarczy organizmowi cennych wartości odżywczych, ale także naprawi pracę jelit i zlikwiduje chorobotwórcze bakterie w układzie pokarmowym.

Zapiekankę można też przygotować z jabłkami – wspaniale oczyszcza organizm, reguluje ciśnienie.

***uwaga:***

*W czasie kuracji nie wolno do owoców dodawać cukru czy miodu – owoce mają własny cukier, który jest zdrowy i niezwykle potrzebny śledzionie do wykonania skomplikowanej i odpowiedzialnej pracy.*

### ✶ napój życia z soku brzozowego

Polecam wiosenną kurację sokiem brzozowym, który pozyskiwany jest bezpośrednio z pnia drzewa. Sok ten często nazywany jest krwią drzewa, wszak zapewnia drzewu życie, tak jak krew zapewnia życie naszemu organizmowi. Jeśli krew jest mocno zanieczyszczona, zniszczona, śluzotwórcza, wtedy dochodzi do ciężkich chorób. Wiedząc o tym, że fenomen natury polega na tym, że nasze ciało zostało stworzone z tego samego co drzewa i rośliny, możemy nawet w sytuacji beznadziejnej nie poddawać się, tylko sięgnąć po skarby natury. Soki roślin czy drzew mogą zadziałać jak przetoczenie krwi, czyli odnowią krew chorego, uzupełnią brakujące witaminy i mikroelementy, oczyszczą i przekażą tętniące życie. Dzięki braterskiemu wsparciu jeszcze jest szansa na ożywienie zniszczonego chorobą organizmu.

skład:

4 szklanki soku brzozowego, 2 łyżki miodu, 4 szklanki wody, 4 łyżki Herbatki Mistrzowskiej.

wykonanie:

Zioła wsypać do garnka, wlać wodę, dodać miód, zagotować, a następnie na małym ogniu ogrzewać 2 minuty. Przecedzić. Do gorącego wywaru ziołowego dodać sok brzozowy. Wlać do termosu.

zastosowanie:

Pić łykami przez cały dzień. W czasie tej odnawiającej organizm kuracji najlepiej nie spożywać żadnego pożywienia. Ta naturalna odżywka jest pożywieniem najdoskonalszym, wszak organizm otrzymuje gotowe składniki odżywcze, więc nie musi tracić energii na trawienie i przyswajanie pokarmu. Jest więc zwolniony z ciężkiej, codziennej pracy, ma więc czas na odpoczynek i regenerację.

***uwaga:***
*Kurację napojem życia każdy powinien dostosować do kondycji własnego organizmu – silniejszy może stosować ją nawet przez 2 tygodnie, słabszy 1 tydzień. Gdyby jednak organizm był tak słaby, że nawet 1 tygodnia nie mógłby wytrzymać, wtedy na śniadanie i obiad proszę spożywać kaszę jaglaną z tym życiodajnym napojem.*

**✶ syrop z liści brzozowych**

Sok z pnia brzozy można pozyskiwać tylko wczesną wiosną. Później dokarmia on listki, które w maju są najbardziej soczyste, mają najwięcej witamin i mikroelementów, a także cennych substancji leczniczych. Warto wtedy je zerwać, bo w nich zawarta jest moc życia. Tę moc niech wykorzystają chorzy. Polecam syrop z majowych liści brzozy.

skład:
4 garście majowych liści brzozy, 8 szklanek wody, 1 litr płynnego miodu.

wykonanie:
Liście należy dokładnie umyć, wrzucić do garnka, wlać wodę, zagotować. A następnie na małym ogniu gotować 5 minut. Zaparzać pod przykryciem ½ godziny. Przecedzić. Do wywaru dodać miód. Zagotować, a następnie ogrzewać 5 minut. Gorący syrop przelać do słoików, mocno zakręcić i wstawić pod koc, by zawekować.

zastosowanie:
Syrop najlepiej dodawać do herbatki ziołowej jak owocowy sok – doskonale oczyszcza krew, a zdrowa krew to zdrowe życie.
W czasie kuracji syropem z brzozy najlepiej spożywać kaszę jaglaną z gotowanymi warzywami. Kuracja oczyszczająca win-

na trwać 1 tydzień. Mocniejsze organizmy mogą przeprowadzić ją 2 tygodnie. Zaś syrop z brzozowych liści można popijać przez długi czas, a nawet całe życie, by zapewnić organizmowi zdrowie.

**✶ Jakie herbatki ziołowe można popijać w czasie oczyszczania organizmu?**

Najlepiej w tym czasie popijać herbatki delikatne, by nie blokować procesu oczyszczania. Doskonała jest Herbatka Mistrzowska – smaczna i rozgrzewająca, Herbatka Ziemiańska nieco odświeżająca i ożywiająca, reguluje pracę układu pokarmowego i poprawia krążenie, może być Herbatka Książęca, wszak oczyszcza wątrobę, nerki i przyspiesza przemianę materii. Warto też pamiętać o życiodajnej herbatce z pietruszki, można wykorzystać jej korzeń, a latem natkę – przeprowadza od choroby do zdrowia.

# II krok – zagłodzenie choroby, czyli najprostsze, energetyczne pożywienie

Spożywać nawet kilka razy dziennie energetyczny rosół z kaszą jaglaną. Na śniadanie polecam napój poranny, oczyszcza organizm, odkwasza, likwiduje zaparcia. Nie spożywać mięsa, nawet tego z rosołu. Kuracja winna trwać 3 – 4 tygodnie.
Organizm rozgrzeje się, dzięki czemu sprawniej popracują poszczególne narządy. Poprawi się jakość soków życiowych, również zacznie odnawiać się krew.

W czasie kuracji zamiast zwykłej herbaty należy popijać ziołowe, rozgrzewające herbatki – Mistrzowską, Ambrozję Antyprzeziębieniową, macierzankę z babką lancetowatą.

### ✶ napój poranny

skład:

2 średniej wielkości marchewki, 1 pietruszka, 1 ziemniak, kawałek selera, 3 szklanki wody.

wykonanie:

Warzywa obrać i starannie umyć. Wrzucić do garnka, zalać wrzącą wodą, gotować około 20 minut. Napój można zmiksować, smakuje wtedy jak zupka krem.

zastosowanie:

Napój poranny spożywamy na pierwsze śniadanie. Rewelacyjnie oczyszcza organizm ze złogów, odkwasza, likwiduje zaparcia.

Jeśli zaparcia są uporczywe, wtedy spożywamy tylko napój poranny, nawet przez kilka dni aż jelita się oczyszczą.

***uwaga:***
*Nie dodajemy do niego żadnych przypraw, wtedy skuteczniej działa. Ważne, aby do gotowania wykorzystać warzywa ekologiczne, zupka wtedy pięknie pachnie i ma słodki smak.*

### ✶ energetyczny, ziołowy rosół - naturalna kroplówka

skład:

½ kg ekologicznego, chudego mięsa (kogut wiejski, indyk wiejski, cielęcina, młoda wołowina, królik, mięso kozie, dziczyzna), 8 średnich marchewek, 2 pietruszki, kawałek selera, 1 cebula, 1 łyżka ziołowego pieprzu, sól kamienna do smaku, 2 łyżki suszonej pokrzywy, 1 łyżka ziela lub korzenia lubczyku, 1 łyżeczka kurkumy, koperek, natka pietruszki.

wykonanie:

Mięso dokładnie umyć, włożyć do garnka, wlać 5 litrów wody, zagotować. Wrzucić warzywa, dodać sól kamienną i pieprz ziołowy. Gotować na małym ogniu około 30 minut. Wyjąć warzywa, a rosół gotować jeszcze około 2 godzin. Dodać zioła - od wiosny do jesieni warto wykorzystać świeże zioła, doskonała do rosołu jest zielona pokrzywa, zielone listki mleczu, radosny kurdybanek, zdrowe i aromatyczne są liście arcydzięgla czy liście bzu czarnego. Zagotować i na małym ogniu ogrzewać około 5 minut. Wyjąć mięso, rosół przecedzić do czystego garnka, dodać starte na tarce warzywa i zieleninę, czyli drobno pokrojony koperek, natkę pietruszki. Rosół z zieleniną podgotować jeszcze 1 - 2 minuty. Następnie schłodzić go i zebrać tłuszcz.

zastosowanie:

Rosół najlepiej spożywać z kaszą jaglaną kilka razy dziennie, przez długi czas aż zdrowie zacznie powracać.
Energetyczny, ziołowy rosół zawiera wiele substancji leczniczych, ale przede wszystkim posiada siłę mocarza, długo gotowany na ogniu ma energię, która likwiduje wszelkie blokady energetyczne w chorym organizmie.
Zdrowy człowiek praktycznie z każdego pożywienia otrzyma energię potrzebną mu do życia, ale u chorego jest inaczej. Osłabiona wątroba nie może dobrze przyjąć pożywienia i przetworzyć go tak, żeby po organizmie popłynęło życie. Stąd choremu potrzebne jest pożywienie odpowiednio przygotowane, by nawet najsłabsza wątroba przyjęła je i zamieniła na życiodajny pokarm. Takim pożywieniem, które działa jak naturalna kroplówka, jest właśnie rosół.

### ✶ zupka warzywna

Jeśli organizm jest mocno osłabiony i wyczerpany i nie jest w stanie przyjąć nawet kaszy jaglanej, można wtedy choremu podawać zupkę warzywną.

skład:

4 marchewki, 2 średnie czerwone buraczki, 1litr ziołowego, energetycznego rosołu.

wykonanie:

Warzywa umyć, dokładnie oskrobać, drobno pokroić i wrzucić do wrzącego rosołu. Gotować na małym ogniu ½ godziny. Po wystygnięciu zmiksować.

zastosowanie:

Zupka warzywna jest pyszną odżywką dla organizmu. Spożywać ją można nawet kilka razy dziennie.

***uwaga:***

*Do zupki warzywnej nie wolno dodawać pora, kapusty czy kalafiora.*

*Warzywa te zawierają dużo niebezpiecznego dla chorego organizmu śluzu. Nic więc dziwnego, że w dawnej Polsce wielu medyków zgodnie stwierdzało, że warzywa te czynią zgniliznę w organizmie. Coś w tym musi być, ponieważ mój ojciec, niezwykle doświadczony ogrodnik nigdy nie wyrzucał tych warzyw na kompost, twierdząc, że podczas fermentacji wydzielają szkodliwe substancje, które zakłócają prawidłowe procesy gnilne zachodzące w drogocennym, naturalnym nawozie.*

## III krok – odnowienie organizmu, czyli energetyczne pożywienie

*uwaga:*
*W energetycznym pożywieniu nie powinno zabraknąć energetycznego, ziołowego rosołu, polecam również kaszę jaglaną na różne sposoby, mięso gotowane z rosołu, sałatki warzywne.*

Szczegółowy jadłospis energetycznego pożywienia znajduje się w książce „Odchudzanie bez odchudzania".

### ✶ energetyczny, czerwony barszczyk

Jeśli organizm jest mocno osłabiony i wyczerpany, można spożywać energetyczny rosół na zmianę z energetycznym barszczykiem.

skład:

½ kg ekologicznego, chudego mięsa (kogut wiejski, indyk wiejski, cielęcina, młoda wołowina, królik, mięso kozie, dziczyzna), 4 łyżki octu jabłkowego (własnej produkcji), 1 kg czerwonych buraczków (bez chemii mają przyjemny, słodki smak), 1 łyżka ziołowego pieprzu, sól kamienna do smaku, 1 łyżka majeranku, 4 łyżki skrzypu, 1 łyżeczka czarnuszki, 1 łyżeczka drobno pokrojonego koperku i 1 łyżeczka natki pietruszki.

wykonanie:

Mięso dokładnie umyć, włożyć do garnka, wlać 5 litrów wody, zagotować. Gotować na małym ogniu 1 godzinę. Następnie wrzucić drobno pokrojone buraczki, dodać sól i pieprz ziołowy, a także wlać ocet. Gotować na małym ogniu 1 godzinę. Wsypać pozostałe zioła i gotować jeszcze 5 minut. Barszczyk przecedzić. Dodać koperek i natkę pietruszki.

zastosowanie:

Barszczyk jest odżywką dla organizmu. Można popijać sam, można też spożywać z kaszą jaglaną czy kaszą jęczmienną. Można też z ziemniakami i gotowaną marchewką z odrobiną oleju lnianego.

### ✶ polewka ze zbóż

Polewka to pożywienie naszych ojców, dziadów i pradziadów, strawa prosta i zdrowa. W zbożach bowiem zawarta jest niezwykła energia, która potrzebna jest człowiekowi do życia.

skład:

½ kg żyta, ½ kg orkiszu, ½ kg owsa bezłuskowego, 1 łyżeczka świeżych drożdży piekarniczych, 1 łyżeczka miodu, 1 ½ szklanki wody.

wykonanie:

Ziarna najlepiej kupić w sklepie ze zdrową żywnością – umyć, mokre pozostawić na 3 dni do skiełkowania. Kilka razy dziennie mieszać zboże drewnianą łyżką, gdyby było suche, skropić wodą. Trzeciego dnia, gdy pojawią się kiełki, ziarno wraz z kiełkami ususzyć, najlepiej na słońcu, ale można też w piekarniku. Następnie zemleć w młynku do kawy na mąkę.
Przechowywać w szczelnie zamkniętym słoiku.
Do garnka wlać wodę, wsypać rozdrobnione drożdże, zagotować. Dodać miód i 5 łyżek mąki ze skiełkowanych zbóż. Dokładnie wymieszać, można mikserem. Następnie na małym ogniu gotować 2 – 3 minuty.

zastosowanie:

Pomaga przy chorobach kośćca, załamaniu nerwowym, depresji, można podawać ją rekonwalescentom, także skutecznie poprawia wzrok. Daje nadzieję nawet tym, którzy upadli na duchu i bezradnie rozkładają ręce. Chorzy winni spożywać polewkę 2 razy dziennie po szklance. Zdrowi, dla podtrzymania zdrowia, mogą spożywać ją tylko 1 raz dziennie, np. na śniadanie.

***uwaga:***

*Polewka jest odżywką dla organizmu, jeśli jednak organizm jest bardzo słaby, może okazać się dla niego zbyt mocna. Dlatego w takim przypadku zostawić ją na później, a organizmowi dostarczyć delikatniejsze pożywienie.*

Często Państwo pytacie, dlaczego niektóre ziarna nie kiełkują. Jeśli ziarno nie kiełkuje, to oznacza, że życie w nim zostało zniszczone. Być może zboże było napromieniowane. Takiego zboża nie powinno być w sklepach ze zdrową żywnością. Dla organizmu jest ono bezwartościowe!

### ✶ kisiel owsiany

skład:

10 łyżek płatków owsianych, 3 szklanki wody, miód, sok owocowy lub kompot z czarnych jagód.

wykonanie:

Płatki wsypać do garnka, wlać wodę, zagotować, a później na małym ogniu gotować około ½ godziny. Następnie owsianą masę przetrzeć przez sito. Otrzymany kisiel smakuje bez żadnych dodatków, jednak na początku kuracji, gdy naturalne smaki jeszcze nie zostały rozpoznane przez organizm, można dodać nieco miodu lub owocowego soku robionego na słońcu. Wybornie smakuje z kompotem z czarnych jagód - ambrozja z polskich pól i lasów.

zastosowanie:

Działa jak naturalna kroplówka, jest doskonałą odżywką, a jednocześnie oczyszcza organizm i odmładza.
Nasi przodkowie powiadali: „Chcesz mieć końskie zdrowie, jedz płatki owsiane". Warto je spożywać, są lekkostrawne, delikatne w smaku, zawierają ważne dla organizmu witaminy i mikroelementy, między innymi dużo wapnia, fosforu, magnezu, krzemu. Są więc doskonałym budulcem kośćca, wzmacniają też nadwerężone nerwy, poprawiają trawienie. Odwapniają? - tak, usuwają z organizmu tzw. miażdżycowy, niedobry wapń. Nie mają zaś potrzeby zabierać dobrego wapnia, wszak same mają go pod dostatkiem.

### ✶ odżywka na co dzień - energetyczna sałatka

skład:

5 łyżek zielonej soczewicy, 2 średnie marchewki, 2 ziemniaki, zielone lub suszone zioła, olej lniany.

wykonanie:

Soczewicę ugotować. W drugim garnku ugotować marchewkę i ziemniaki - najlepiej w mundurkach. Następnie marchewkę i ziemniaki pokroić w kostkę. Ciepłe warzywa wyłożyć na talerz, dodać również ciepłą soczewicę wymieszaną z 1 czubatą łyżeczką zmielonego ostropestu. Całość posypać bardzo drobno pokrojonymi ziołami - od wiosny do jesieni polecam świeżą pokrzywę, listki mleczu, może być także nieco bazylii, majeranku czy lebiodki. Późną jesienią i zimą posypujemy ususzonymi, najlepiej zmielonymi ziołami. Na końcu dodajemy olej lniany.

Zdrowsi do tej niezwykle cennej sałatki mogą dodać 1 łyżkę duszonej na wodzie cebulki.

zastosowanie:

Uwielbiam tę sałatkę, bardzo często zastępuje mi obiad. Szczególnie zaś wtedy, gdy piszę książkę. Wówczas moje pożywienie musi być tak proste, jak prosta jest natura. Nie może być ciężkostrawne, wszak wtedy krew biegnie do żołądka, by pomóc mu w trawieniu pokarmu, a w mózgu pozostaje tylko tyle, by podtrzymać procesy życiowe. I o intensywnej pracy twórczej można zapomnieć. Natomiast sałatka jest lekkostrawna i bardzo wartościowa dla organizmu, wszak dostarcza mu niezbędnych składników do budowy zdrowia.

Soczewica – posiada wiele witamin i mikroelementów, także kwas foliowy, który jest niezwykle potrzebny organizmowi. Te małe nasionka są również źródłem drogocennego białka, które z powodzeniem może zastąpić mięso. Praktycznie nie zawiera tłuszczu, a dzięki temu, że jest bogata w błonnik, skutecznie obniża cholesterol i trójglicerydy, a także reguluje poziom cukru we krwi.

Marchewka – wzmacnia, odtruwa, regeneruje. Przywraca organizmowi równowagę kwasowo – zasadową, poprawia krążenie, odnawia prawidłową florę bakteryjną jelit, dzięki temu likwiduje biegunki i zaparcia. Jest tak lekkostrawna, że przyjmie ją nawet najbardziej wyniszczony chorobą organizm.

Ziemniaki – dostarczają sporo witamin, mikroelementów i wartościowego błonnika. Nie zawierają prawie tłuszczu, są więc lekkostrawne, a do tego skutecznie odkwaszają organizm.

Zioła – pokrzywa i liście mniszka lekarskiego, czyli popularnego mleczu to doskonałe leki krwi. Działają krwiotwórczo, zwiększają poziom hemoglobiny i ilość czerwonych ciałek krwi, dlatego też przetwory z nich podawane są w osłabieniu organizmu, przy anemii, a nawet wspomagają leczenie białaczki. Pobudzają też organizm do produkcji interferonu, który rozprawia się z wirusami. Ostropest zaś odnawia wątrobę.

Olej lniany – to skarb natury. Zawiera nienasycone kwasy tłuszczowe, które obniżają poziom cholesterolu i trójglicerydów. Ma więc działanie przeciwmiażdżycowe, reguluje także ciśnienie krwi. Pomaga również przy problemach skórnych, odżywia stawy, ostatnio dużo się mówi o jego działaniu przeciwnowotworowym. Ale przede wszystkim jest to niezwykle zdrowym i nieprzetworzonym pożywieniem, które zadba o prawidłową budowę każdej komórki.

### ✶ energetyczny sos

skład:

1 kg ekologicznej wołowiny (bez kości) lub cielęciny, 2 ½ szklanki wody, ½ szklanki wina czerwonego, wytrawnego, gronowego, 4 marchewki, 1 pietruszka, kawałek selera, sól, 1 łyżeczka pieprzu ziołowego, 1 łyżeczka majeranku, 1 łyżeczka zmielonego kminku, ½ łyżeczki czarnuszki, ½ łyżeczki kurkumy, ½ łyżeczki zmielonych ziaren jałowca.

wykonanie:

Mięso pokroić, posolić, włożyć do piekarnika, wlać ½ szklanki wody, piec 1 godzinę. Następnie mięso wraz z sosem przełożyć do garnka, wlać 2 szklanki wody i wino. Wrzucić drobno pokrojone warzywa, dodać zioła. Następnie na małym ogniu gotować około 2 godzin.

zastosowanie:

Energetyczny sos najlepiej podawać z gotowanymi warzywami. Nie spożywać go z ziemniakami czy z kaszą – takie połączenie z pewnością nie zaszkodzi człowiekowi silnemu, zdrowemu, a do tego ciężko pracującemu. Wątroba jego poradzi sobie nawet z pożywieniem ciężkostrawnym. Zaś chory niech uważa, bowiem czego wątroba nie będzie w stanie przyjąć – odłoży, później nieprzetworzone resztki pojawią się we krwi jako zanieczyszczenia, które będą powiększały chorobę.

**✶ marchewka obgotowana lub gotowana**

Jest lekkostrawna i dobrze przez organizm przyjęta. Warto sięgnąć po nią, gdy tylko głód zacznie dokuczać. Dostarcza wiele cennych witamin i soli mineralnych.

**✶ pieczone buraczki czerwone**

Nie tracą składników odżywczych podczas pieczenia, więc wzmacniają wyniszczony chorobą organizm, odkwaszają go. Jeśli są zaparcia, najlepiej zjeść 2 średnie, pieczone buraczki na śniadanie, na czczo. Zwłaszcza po chemioterapii czy radioterapii nie żałować sobie tego naturalnego smakołyku.

**✶ owoce spożywać rozsądnie**

W czasie energetycznego pożywienia można zjeść 2 jabłka pieczone – są lekkostrawne, doskonale oczyszczają jelita, wzmacniają również serce, poprawiają pracę mózgu i nerwów. Latem możemy zjeść nieco owoców sezonowych. Jednak należy pamiętać, że owoce są wychładzające. Bardzo zdrowe są natomiast owoce suszone, które szybko uzupełniają zdrową energię w organizmie. Można jak gumę do żucia potraktować suszone jabłka, maliny czy czarne jagody, polecam też kilka rodzynek czy 2 - 3 daktyle.

Niezwykle zdrowe są również migdały. Słodkie migdały są doskonałą odżywką dla organizmu, zawierają bowiem nie tylko cenne witaminy i mikroelementy, ale także wartościowe białka, tłuszcze i tylko niewielką ilość cukru.

Zaś gorzkie migdały mają działanie antynowotworowe, zawierają bowiem wit. B 17, która niszczy komórki nowotworowe. Taka sama witamina znajduje się również w kaszy jaglanej, w owocach czeremchy czy niezwykle cenionych owocach bzu czarnego.

***uwaga:***
*Chorzy, którzy są w trakcie chemioterapii lub radioterapii, powinni dodatkowo spożywać pożywienie wzmacniające szpik kostny i krew.*

Przede wszystkim energetyczny rosół najlepiej gotować na cielęcej giczy, czyli do przepisu podanego w poprzednim rozdziale zamiast ½ kg cielęciny, dodać ½ cielęcej giczy i 10 dag cielęcej wątróbki (koniecznie cielęcej). Mięso z giczy spożywać z gotowanymi warzywami. Szpik kostny, który znajduje się w kostce, wyjąć po ugotowaniu i zjeść, wszak to doskonała odżywka dla organizmu. Ugotowaną wątróbkę najlepiej przekręcić przez maszynkę i dodać do rosołu.

Nie powinno też wyrzucać się zdrowej kości z ugotowanej giczy cielęcej. Należy ją spalić, następnie zemleć w młynku do kawy.

Otrzymany szary proszek można dodawać np. do rosołu czy sałatki warzywnej ( 1 łyżeczkę dziennie). Jego właściwości są niezwykle cenne, bowiem zawiera mikroelementy potrzebne do regeneracji organizmu, poprawia również trawienie. Zalecany jest więc osobom słabym, schorowanym, by szybciej powrócili do zdrowia.

Gdyby organizm był bardzo osłabiony, dodatkową odżywką będą gotowane na miękko jajka – najlepiej spożyć tylko same żółtka, wszak jak czekolada szybko uzupełnią brakującą energię. Mają ogromną wartość, ponieważ są bogatym źródłem witamin i mikroelementów, a do tego zawierają lecytynę i cholinę, dzięki którym wątroba szybciej się odnowi. Nie spożywamy żółtek ani z pieczywem, ani z cukrem.

## Odżywianie chorych po ciężkich operacjach

Chorzy po ciężkich operacjach muszą zwracać szczególną uwagę na pożywienie. Organizm niejednokrotnie jest tak mocno wyniszczony i chorobą, i operacją, i skomplikowanym leczeniem szpitalnym, że praktycznie każde jedzenie, nawet bardzo delikatne, może okazać się dla niego zbyt ciężkostrawne, a tym samym szkodliwe. Dokąd więc organizm nie podejmie właściwej pracy, należy podawać mu tylko kleiki z kaszy jaglanej i delikatne, miksowane zupki warzywne. Zamiast wody, którą przeważnie choremu się zaleca, należy popijać delikatne herbatki ziołowe.

Nie polecam w tym czasie też surowych owoców, są zbyt ciężkostrawne. Można ewentualnie zjeść jabłko gotowane lub pieczone.

### ✶ zupka warzywna

Przepis s. 26

### ✶ kleik z kaszy jaglanej

skład:

½ szklanki kaszy jaglanej, 1 szklanka wody, 1 łyżeczka masła, najzdrowsze klarowane.

wykonanie:

Kaszę jaglaną zemleć w młynku do kawy. Zagotować w garnku wodę, a następnie wsypać do niej zmieloną kaszę. Należy energicznie mieszać, by nie było grudek. Dodać masło.

zastosowanie:

Kleik z kaszy jaglanej można spożywać nawet 3 x dziennie. Jest niezwykle zdrowy, nie zaszkodzi nawet osobie mocno schorowanej.
Kasza jaglana to nie tylko doskonała odżywka dla organizmu, to również naturalny antybiotyk, to źródło nienasyconych kwasów tłuszczowych, to również ciepło polskich pól, które wyniszczonemu organizmowi jest szczególnie potrzebne, by pobudzić do właściwej pracy soki życiowe.

Gdy stan zdrowia poprawi się, choremu można podawać potrawy z rozdziału „Energetyczne pożywienie" – szczególnie zaś polecam energetyczny rosół z kaszą jaglaną czy sycące i zdrowe potrawy z kaszy jaglanej.

***uwaga:***
*Chorym często podaje się kleik z ryżu. Z pewnością jest delikatny, ale niestety wychładzający.*

### ✶ herbatki ziołowe

Polecam herbatkę z majeranku, herbatkę z kopru włoskiego, może być delikatna Herbatka Mistrzowska. Można do herbatek dodać nieco winka św. Hildegardy (przepis s. 109) lub miodu pokrzywowego (przepis s. 110).
Jeśli chory miał cewnikowanie pęcherza moczowego, nie wolno podawać mu nic słodkiego, również moje winka na miodzie są niewskazane. Napoje słodkie będą doskonałą pożywką dla chorobotwórczych bakterii, może więc dojść do zapalenia pęcherza lub do zakażenia całego układu moczowego.

Często po skomplikowanej operacji następuje zatrzymanie moczu – skuteczna jest wtedy herbatka z wierzbownicy. Można dodawać do niej soku z liści brzozy (kupić w aptece). Herbatkę z wierzbownicy należy popijać ciepłą zamiast zwykłej herbaty. Likwiduje także obrzęki wokół kostek. Przy schorzeniach z nerkami pomocna jest również herbatka z pietruszki.

***uwaga:***
*Herbatka z korzenia pietruszki ma kolor słomkowy, smak delikatny, nieco słodki. Jeśli jest gorzka, to oznacza, że pietruszka nie była ekologiczna. Nie wolno pić takiego napoju.*

Kroplówki, które chory otrzymuje w szpitalu, ratują życie, ale niestety u osób delikatniejszych, słabszych, mocno wychładzają organizm. Gdyby tak się stało, należy popijać herbatki rozgrzewające – najskuteczniej rozprasza wilgoć w organizmie herbatka z cząbru, może też być herbatka macierzankowa. Jeśli organizm jest bardzo wyniszczony, podawać należy przez kilka dni tylko herbatkę z majeranku – jest bardzo delikatna, wzmacnia układ pokarmowy, poprawia krążenie. W XVII wieku polscy medycy zgodnie twierdzili, że majeranek to gorąca krew i polecali herbatkę majerankową ciężko chorym, by jej ciepło dodało siły do życia.

Niektórzy chorzy po kroplówkach nie są w stanie przyjąć żadnego płynu, nawet delikatnej herbatki z majeranku. To oznacza, że organizm ma nadwyżkę płynów, nie może poradzić sobie z ich wydaleniem. Pozwolić mu spokojnie pracować, po kilku dniach sam upomni się o picie.

Antybiotyki, które chory otrzymuje po operacji, skutecznie niszczą florę bakteryjną, w skrajnych przypadkach może pojawić się opryszczka jamy ustnej. Najlepiej wtedy przez kilka dni przyjąć preparat z bakteriami kwasu mlekowego.

## IV krok – budowanie zdrowia, czyli zdrowe pożywienie

W dawnej Polsce było inne pożywienie na co dzień i inne od święta. Na co dzień skromniejsze, a od święta bardziej wystawne, bogatsze. Często znawcy przedmiotu podkreślają, że nasza kuchnia była ciężkostrawna i niezdrowa, obfitowała bowiem w smażone mięso, bigosy, tłuste sosy i jeszcze tłuściejsze rosoły. Ale zapominają dodać, że taka dieta obowiązywała tylko od święta. W czasie świąt religijnych, rodzinnych, na przyjęciach, balach rzeczywiście stoły uginały się od wykwintnego i niezbyt zdrowego pożywienia. Na co dzień nawet na królewskim stole takich smakołyków nie było. Jedzenie przygotowywano skromne, ale wartościowe dla organizmu. Pożywienie zaś biedniejszych warstw społecznych, chociażby chłopów było wręcz ubogie, jednak posiadało energię, która zapewniała im siłę do wykonywania ciężkich prac polowych.

Warto i teraz wrócić do takiego mądrego podziału - jedzenie na co dzień, skromne i jedzenie od święta, bardziej bogate czy nawet wykwintne, jeśli nadarzy się szczególna okazja.

W zdrowym odżywianiu, nawet tym na co dzień, polecam pożywienie urozmaicone, a przede wszystkim proste i zdrowe. Nie stronię też od mięsa, ale z mięsem trzeba bardzo ostrożnie, wszak jest to pożywienie mocne i w dużej ilości nawet zbyt mocne dla zdrowego człowieka. A połączenie potraw mięsnych z ulubionymi deserkami to mieszanka wybuchowa, której żadna wątroba nie jest w stanie przerobić.
Zaś kawałek ekologicznego mięsa (młoda wołowina, cielęcina, kogut wiejski, indyk wiejski, królik) nikomu nie zaszkodzi.
Nie powinniśmy spożywać wędlin, mają zbyt wiele konserwan-

tów. Również własnoręcznie robionych wędlin nie polecam, ponieważ są wędzone.
Zamiast wędzonych wędlin warto upiec od czasu do czasu schab karkowy, można również przygotować cielęcinę w galarecie czy zrobić pasztet.

Wzorem naszych przodków spróbujmy urozmaicić nasz jadłospis, wprowadzając do niego między innymi cenne warzywa strączkowe. Zdrowa bowiem jest fasola, groch, nie wspomnę o soczewicy. Nieco zapomniana, a szkoda, bo nasi przodkowie znali ją i cenili. Sporządzali z niej bardzo pożywne zupy, pyszne pierogi, kotleciki, dodawali do różnego typu pasztecików.
Warzywa strączkowe są źródłem wielu witamin, mikroelemetów, a także wartościowego, dobrze przyswojonego przez organizm białka.

***uwaga:***
*Szczegółowy jadłospis zdrowego pożywienia znajduje się w książce „Odchudzanie bez odchudzania". W tym zaś rozdziale podam kilka przepisów na zdrowe jedzenie, które można podawać i na co dzień, i od święta.*

**✶ pierogi z soczewicą**

przepis:
farsz: 2 szklanki ugotowanej soczewicy, kawałek ugotowanego mięsa, np. z energetycznego rosołu, kawałek bułki graham rozmiękczonej w wodzie przekręcić przez maszynkę. Dodać jedną cebulę drobno pokrojoną, 1 surowe jajko,
masę wymieszać, dodać sól oraz przyprawy do smaku.

ciasto: 1 szklankę mąki białej, 1 szklankę mąki graham, nieco bardzo ciepłej wody, 1 surowe jajko – ciasto zagnieść, robić małe pierogi, podawać z duszoną cebulką.

### ★ kotlety z soczewicy

przepis:

25 dag mięsa wołowego (ugotowanego), 2 szklanki gotowanej soczewicy, ½ bułki graham rozmiękczonej w wodzie przekręcić przez maszynkę, dodać sól kamienną do smaku, ziołowe przyprawy, 1 cebulę drobno pokrojoną, 1 jajko. Masę wymieszać, jeśli będzie zbyt rzadka, można dodać nieco tartej bułki. Uformować kotleciki, posypać bułką tartą.

Do brytfanki wlać nieco wody, ułożyć kotleciki, wstawić do piekarnika. Wyjąć wtedy, gdy się ładnie zarumienią.
Kotlety są pyszne, najlepiej podawać je z gotowanymi warzywami, wybornie smakują z ziołowymi placuszkami na zimno.

### ★ pasztet z soczewicy

przepis:

2 szklanki ugotowanej soczewicy, ½ kg cielęciny, 20 dag wątróbki cielęcej, 3 marchewki, 1 pietruszka, ½ selera, sól kamienna, ziołowe przyprawy, listek laurowy, 1 bułka grahamka, 1 łyżka masła najlepiej klarowanego, 4 łyżki posiekanej pietruszki, 2 jajka.

Mięso umyć, włożyć do wrzącej wody, wsypać przyprawy, gotować na wolnym ogniu. Gdy mięso się nieco podgotuje, dodać wątróbkę i warzywa, ugotować do miękkości. Mięso, warzywa i wątróbkę wyjąć z gorącego wywaru. Do tego wywaru włożyć grahamkę, by się nasączyła. Wszystkie składniki przekręcić przez maszynkę, dodać jajka, klarowane masło i dokładnie utrzeć. Przyprawić do smaku solą kamienną lub morską i ziołowymi przyprawami. Masę włożyć do brytfanki, piec 1 godzinę w gorącym piekarniku.

### ✶ masło klarowane

przepis:

1 kg ekologicznego masła wiejskiego (można kupić w sklepie ze zdrową żywnością), podzielić na mniejsze części, włożyć do rondla i zagotować. Następnie ogrzewać na bardzo małym ogniu. Drewnianą łyżką zbierać tworzącą się pianę. Ogrzewać tak długo aż piana przestanie się tworzyć. Wtedy masło przecedzić i rozlać do słoików. Takie masło może stać w lodówce lub w piwnicy kilka miesięcy.

Klarowane masło stosować w kuchni – do gotowania, pieczenia, a odświętnie do smażenia. Nie przypala się w wysokiej temperaturze, nie wsiąka też w smażone potrawy. Co ważne, nie podnosi cholesterolu ani trójglicerydów.

W Polsce od wieków było stosowane nie tylko w kuchni, ale też służyło jako cenne lekarstwo. Na jego bazie wykonywano wiele maści, mazideł i leczniczych mikstur. Chociażby cenna mikstura z dziurawcem stosowana przy nadwerężonym kręgosłupie (przepis s. 138) czy niezwykle pomocna we wrzodach żołądka i dwunastnicy zupka ślazowa. Są również doniesienia naukowe, że w związku z tym, że masło klarowane jest bogate w kwas masłowy, ma działanie przeciwwirusowe i antynowotworowe.

### ✶ pyzy ziemniaczane z mięsem

przepis:

ciasto: 1 kg ziemniaków, 1 szklanka mąki pszennej, ½ szklanki mąki graham, 1 jajko.

farsz: kawałek gotowanego mięsa, np. z rosołu, 1 szklankę ugotowanej soczewicy, 1 jajko, 1 cebulę, ½ bułeczki grahamki rozmiękczonej w wodzie, przekręcić przez maszynkę.

Ziemniaki też przekręcić przez maszynkę, dodać mąkę, jajko, zagnieść ciasto. Formować wałki, kroić lekko skośne kluski. Zrobić placuszek i do środka włożyć farsz. Ugotować, podawać ciepłe z duszoną cebulką i gotowanymi warzywami lub z barszczykiem.

### ✶ ziołowe placuszki

przepis:

1 szklanka białej mąki, 1 szklanka orkiszowej mąki, 3 garście ugotowanych i przekręconych przez maszynkę ziemniaków, 1 łyżeczkę soli, 1 łyżeczkę zmielonego majeranku, 1 łyżkę zmielonego kminku, 1 łyżkę zmielonej kozieradki, 3 wiejskie jajka, 1 łyżkę masła klarowanego lub śmietankowego, nieco wody. Wyrobić ciasto. Uformować placuszki, piec około ½ godziny.

Placuszki można spożywać na ciepło, z odrobiną masła lub oleju lnianego, smakują również zimne, wtedy można spożywać je np. z pasztetem z soczewicy lub warzywnymi sałatkami.

### ✶ grochówka dla każdego

przepis:

½ kg cielęcych żeberek, 4 litry wody, 1 ½ szklanki grochu, sól kamienna, ziołowe przyprawy wrzucić do garnka i gotować 2 godziny. Pod koniec gotowania dodać 4 ziemniaki, 5 marchewek, 2 cebulki, 1 pietruszkę, kawałek selera. Gdy warzywa będą miękkie, wyjąć je, ostudzić i zetrzeć na grubej tarce, ugotowane mięso pokroić. Wsypać wszystko do grochówki. Dodać majeranku, nieco kminku i zieleninę. Wybornie smakuje grochówka ze świeżymi ziołami. Niezwykłego aromatu dodają jej liście arcydzięgla czy liście bzu czarnego, doskonała jest też ze świeżymi liśćmi czarnej porzeczki czy liśćmi winogronowymi.

Wartość takiej grochówki jest ogromna, można spożywać nawet 2 razy dziennie, zapewni energię i siłę do życia.
Groch jest niezwykle zdrowy dla każdego, ma naturę rozgrzewającą, a więc szczególnie od jesieni do wiosny, kiedy jest zimno, powinniśmy z grochu przygotowywać różne potrawy. Nie tylko rozgrzeje, ale dostarczy też organizmowi pożytecznego białka, witamin i mikroelementów. Uzupełni przede wszystkim brakującą witaminę B, także A, zaś magnez i fosfor przyda się dla zmęczonego mózgu, żelazo natomiast zadba o jakość krwi.

**✶ uniwersalne danie z fasolką**

<u>przepis:</u>

2 szklanki fasoli umyć, wsypać do garnka, zalać wodą i pozostawić na noc. Rano dolać wody do garnka z fasolą, wrzucić 6 oskrobanych marchewek i kawałek miąższu dyni. Dodać ziołowe przyprawy i sól kamienną do smaku. Zagotować, a następnie na małym ogniu gotować około 20 minut. Wyjąć marchewkę i dynię, a fasolkę gotować aż będzie miękka. Gdy warzywa przestygną, pokroić je w kostkę lub zetrzeć na tarce. Wsypać do ugotowanej fasolki i dodać 2 łyżki klarowanego masła. Zagotować, wybornie smakuje ze świeżymi ziołami, chociażby drobno pokrojonymi liśćmi pokrzywy i mniszka lekarskiego.

***uwaga:***

*Niektórzy proponują, by wodę, w której moczyła się fasola wylać, a do gotowania zalać nową. Przygotowana w ten sposób fasola jest bardziej lekkostrawna, ale niestety część niezwykle wartościowych substancji wylejemy wraz z wodą. Niech więc każdy sam oceni swój stan zdrowia i postąpi według własnego uznania.*

Danie z fasolką można podawać na różne sposoby – z ziołowymi placuszkami, z pieczonymi ziemniakami i ogórkiem kiszonym lub kapustą kwaszoną, z warzywnymi sałatkami. Można też przekręcić przez maszynkę i z otrzymanego farszu przygotować sycące pierogi, można też zapiec z makaronem ( własnej roboty), wybornie też smakuje zapiekanka z kaszy jaglanej, farszu fasolkowego i przecieru pomidorowego, a do tego nieco duszonej cebulki z olejem lnianym.

I wszystko jest zdrowe, bo składniki wchodzące w skład tych dań są prosto z natury. Fasola to źródło wartościowego białka, które jest zasadotwórcze, poza tym kwasy tłuszczowe, które są w niej zawarte, obniżają poziom złego cholesterolu, a podwyższają dobry, chroniąc w ten sposób organizm przed chorobami krążeniowymi. Miąższ dyni wspomaga trawienie, ma też zdolność wiązania niebezpiecznych toksyn i usuwania ich z organizmu. A marchewka? – tej rekomendować w Polsce nie trzeba, wszak wszyscy wiedzą, że to naturalna skarbnica najcenniejszych wartości odżywczych.

### ✶ babciny makaron

przepis:

25 dag mąki białej, 25 dag mąki graham, 4 jajka, szczyptę soli, szczyptę kurkumy i zmielonego kminku, odrobinę ciepłej wody. Ciasto wyrobić ręcznie (musi być twarde). Podzielić na 3 części, cienko rozwałkować. Posypać mąką i zostawić na godzinę, by placki nieco stwardniały. Wtedy każdy placek kroimy na paski szerokości 5 cm i układamy jeden na drugim. Drobno kroimy. Następnie wrzucamy makaron na wrzącą wodę, można łyżką zamieszać, by nie przyklejał się do dna garnka. Po wypłynięciu

na wierzch, gotujemy jeszcze około 10 minut – makaron musi być miękki. I wylewamy na durszlak.
Babciny makaron postoi w lodówce kilka dni – możemy go dodać do rosołu, zupy, przygotować zapiekankę z warzywami i farszem np. mięsno – fasolkowym, wybornie smakuje z pieczonymi jabłkami, gotowanymi jagodami. Jest zdrowy, zauroczy nawet największego niejadka, ale raczej zbyt często niech nie pojawia się na naszych stołach, bo jest mocny, a jeśli ktoś ma słabą wątrobę, może nie unieść jego ciężaru i wtedy podniesie się cholesterol i trójglicerydy.
Smaczny, zdrowy, ale tylko od czasu do czasu, czyli od święta.

***uwaga:***
*Żeby makaron był miękki i puszysty, przygotowuje się go z samych żółtek. Wtedy żółtka wkłada się do miski i dodaje tyle mąki, żeby można było zagnieść twarde ciasto. Jajka winny być ekologiczne, wtedy inny smak i aromat, i oczywiście zdrowe.*

### * fasolaczki

przepis:
5 ugotowanych na twardo jajek, 1 szklankę ugotowanej fasoli zemleć w maszynce do mięsa. Posolić, dodać 1 jajko surowe i przyprawy ziołowe. Żeby odpowiednio zagęścić, należy wsypać tartą bułkę, wymieszać, uformować kotlety. Wyłożyć na posmarowaną tłuszczem blaszkę, zapiec w piekarniku.

Fasolaczki są niezwykle zdrowe i pyszne. Smakują z gotowanymi warzywami, z ziemniakami, z ziołowymi placuszkami. Można też zjeść je między posiłkami zamiast niezdrowych słodyczy.

Zamiast jajek można dodać do fasolki gotowane mięso, które pozostanie z energetycznego rosołu czy zupy. Często dodaję również ugotowaną marchewkę, pietruszkę, seler.
Fasolaczki z mięsem można zapiec inaczej. Do blaszki wlać ½ szklanki wody, ułożyć fasolaczki i piec w gorącym piekarniku – ½ godziny, muszą ładnie się zarumienić. Fasolaczki na wodzie są bardziej soczyste.

Od święta polecam fasolaczki usmażone na klarowanym maśle. Można podać je z pieczonymi ziemniakami i sałatką z czerwonych buraczków. A do tego konfitura z żurawiny czy aronii – myślę, że i królowie takim pożywieniem by nie pogardzili. Takie proste, a takie wystawne.

Fasolaczki są niezwykle zdrowe i pyszne. Smakują z gotowanymi warzywami, z ziemniakami, z ziołowymi placuszkami. Można też zjeść je między posiłkami zamiast niezdrowych słodyczy.

### ✶ cebulka duszona z olejem lnianym

przepis:

Obrać 4 duże cebule, drobno pokroić, wysypać na rozgrzaną patelnię, dodać ½ szklanki wody, przyprawić do smaku solą kamienną, pieprzem ziołowym, dodać trochę kardamonu, można nieco bazylii czy majeranku.

Gdy cebula dobrze się rozgrzeje, przykręcić gaz, przykryć patelnię pokrywką, dusić około 15 – 20 minut. Pod koniec duszenia dodać 2 łyżki oleju lnianego. Przełożyć potrawę na talerz i spożywać z ziołowymi placuszkami lub bułeczką graham.
Zdrowe i pyszne pożywienie – odkaża przewód pokarmowy, a także oczyszcza i wzmacnia naczynia krwionośne.

### ✶ znakomita zapiekanka

przepis:
Ugotować 2 szklanki kaszy jęczmiennej na wodzie lub na energetycznym rosole. Podczas gotowania posolić ją, dodać też przyprawy ziołowe. Ugotowane warzywa utrzeć na grubej tarce. Do brytfanki wlać nieco wody i położyć warstwę kaszy, następnie wsypać utarte warzywa i znów kaszę. Na wierzch ułożyć duszoną cebulkę. Zapiec w gorącym piekarniku.

Utarte warzywa można wymieszać ze zmielonym mięsem, może też być mięso z soczewicą lub fasolką. Wtedy będziemy mieli wersję bogatszą znakomitej zapiekanki.

Zapiekanka podana z czerwonym barszczykiem to prosty, zdrowy i smaczny obiad.

### ✶ bigos z grzybkami

przepis:
½ kg kiszonej kapusty, ½ kg świeżej kapusty, 1 szklankę umytych, suszonych grzybków, 4 szklanki wody, dodać przyprawy ziołowe, można kilka śliwek suszonych, kilka ziarenek jałowca, gotować około 3 godziny. Pod koniec gotowania wlać 5 łyżek oleju lnianego. Całość wymieszać i zagotować. Bigos można spożywać z pieczywem, wybornie smakuje z pieczonymi ziemniakami.

### ✶ mięso pieczone

przepis:
1 schab karkowy lub 1,5 kg boczku posolić, a następnie natrzeć mięso pieprzem ziołowym wymieszanym ze słodką papryką,

kminkiem, kurkumą i zmielonymi ziarenkami jałowca, zaś na samym końcu posypać majerankiem. Odstawić na kilka godzin. Przełożyć do blaszki, wlać 1 szklankę wody i 1 szklankę wina czerwonego, gronowego, wytrawnego. Piec około 2 ½ godziny w mocno nagrzanym piekarniku. Spożywać z pieczonymi ziemniakami, warzywami, wybornie też smakuje z ziołowymi placuszkami.

Można piec tylko na samej wodzie, wtedy należy wlać jej 2 szklanki. Dokładnie tak samo pieczemy królika, cielęcinę, kaczkę czy indyka.

***uwaga:***
*Mięso pieczone z dodatkowym tłuszczem to zagadka dla wątroby. Do pieczenia mięsa nie dodajemy więc żadnego tłuszczu. Każde mięso, nawet to najchudsze zawiera swój tłuszcz. Obcy tłuszcz dodany do pieczenia sprawi, że pieczyste będzie ciężkostrawnym pożywieniem, do którego przerobienia wątroba nie znajdzie odpowiednich odczynników.*

### ✶ pulpeciki cielęce

przepis:

½ kg ugotowanej cielęciny, 3 – 4 łyżki tartej bułki, 1 bułeczka graham namoczona w wodzie, 3 łyżki drobno pokrojonej natki pietruszki, 1 jajko, sól, ½ kg mieszanych warzyw, ziołowe przyprawy.
Mięso i bułeczkę zemleć w maszynce, dodać jajko, natkę pietruszki, sól, przyprawy. Uformować kotlety. Warzywa obgotować. Kotlety włożyć do rondla, zalać wrzącym wywarem z warzyw, obłożyć warzywami, dodać przyprawy. Gotować pod przykryciem około 15 minut. Podawać z warzywami, dla podkreślenia smaku można dodać ogórek kwaszony lub kapustę kiszoną z marchewką i odrobiną lnianego oleju.

**⋆ galaretka cielęca**

2 gicze cielęce dokładnie umyć i włożyć do garnka, wlać 3 litry wody. Dodać sól kamienną i przyprawy ziołowe. Gotować około 3 godziny. Pod koniec gotowania włożyć 4 marchewki, 2 średnie pietruszki i kawałek selera. Gdy warzywa będą miękkie, wyjąć je. Wyjąć też mięso. Oddzielić od kości, zemleć w maszynce do mięsa. Chłodne warzywa pokroić w talarki. Rosół przecedzić, wymieszać ze zmielonym mięsem. Wlać do salaterek, ozdobić warzywami, wstawić do lodówki. Podawać z dodatkiem soku cytrynowego, można spożywać z ziołowymi placuszkami, bułką graham lub z warzywami obgotowanymi.

***uwaga:***
*Gicze cielęce przed włożeniem do garnka najlepiej przeciąć na połowę, wszak wewnątrz kości znajduje się drogocenny szpik kostny, który jest pożywką dla osłabionego organizmu. Po ugotowaniu szpik kostny można wyjąć i zjeść. Kiedyś taki szpik kostny obowiązkowo podawano anemicznym, wychudzonym i chorowitym dzieciom.*
*Kości cielęce są zdrowe, przynajmniej do tej pory nie spotkałam nic niepokojącego. Natomiast kości wołowe mogą być już zanieczyszczone. Kości wieprzowe ze względu na karmę, które się teraz zwierzętom podaje, nie nadają się całkowicie do takiego użytku. Widziałam popsute zęby u ½ rocznej świni, widziałam jelita tak delikatne, że przy każdym dotknięciu rozpadały się.*

Taki fatalny stan zdrowia naszych zwierzątek jest wynikiem nowoczesnego sposobu karmienia – chemiczną papką. I ekolodzy nie grzmią. A naukowcy, którzy taką karmę wymyślili, i ci, którzy ją dopuścili do obrotu śpią spokojnie, dokąd ich samych nowotwór nie zaatakuje.

I nic dziwnego, że lekarze informują pacjentów, że rosoły są niezdrowe. Rzeczywiście, rosół ugotowany na zatrutym chemią mięsie zdrowia nikomu nie przyniesie. Dlatego szukajmy mięsa ekologicznego, jeszcze są ludzie uczciwi, którzy hodują zdrowe zwierzęta, którzy uprawiają zdrowe warzywa. I Bóg im za to zapłać.

**✶ pierogi z kaszą jaglaną i warzywami**

przepis:

Kaszę jaglaną ugotować na wodzie, dodać do niej starte na grubej tarce ugotowane warzywa – marchewka, czerwony buraczek, może być pietruszka, seler. Wszystkie składniki wymieszać, dodać sól kamienną lub morską do smaku, pieprz ziołowy, nieco zmielonych ziarenek jałowca. Zagnieść ciasto, zrobić pierogi. Brytfankę nieco posmarować klarowanym masłem, ułożyć pierogi, zapiec w gorącym piekarniku. Można je podawać na ciepło z sałatką warzywną, ale smakują również na zimno, można spożywać je w pracy zamiast kanapki.

**✶ pierogi z kaszą jaglaną i świeżymi ziołami**

przepis:

Kaszę jaglaną ugotować na wodzie, dodać do niej bardzo drobno pokrojone świeże zioła – pokrzywa, liście mleczu, szczaw, szczypiorek, natka pietruszki, koperek i jedno surowe jajko. Wszystkie składniki wymieszać, dodać sól kamienną lub morską do smaku, pieprz ziołowy, kurkumę. Zagnieść ciasto, zrobić pierogi. Brytfankę nieco posmarować klarowanym masłem, ułożyć pierogi, zapiec w gorącym piekarniku. Można je podawać na ciepło z sałatką warzywną, ale smakują również na zimno. Pyszne i niezwykle zdrowe.

### ✶ pierogi z kaszą jaglaną na słodko

Kaszę jaglaną ugotować na wodzie, dodać do niej drobno posiekane suszone jabłka, śliwki, daktyle, rodzynki i odrobinę miodu. Wszystkie składniki wymieszać. Zagnieść ciasto, zrobić pierogi, podawać ciepłe z masłem. Wybornie smakują z konfiturami z płatków dzikiej róży, z musem truskawkowym, z sokiem malinowym robionym na słońcu.

Latem niezwykle zdrowym rarytasem są pierogi z kaszą jaglaną i czarnymi jagodami albo truskawkami lub wiśniami.

I jeśli ktoś mówi, że Boże jedzenie jest niesmaczne, jest po prostu biednym człowiekiem, który tak daleko odszedł od normalności, że doskonałych smaków natury nie potrafi rozpoznać. Szkoda takich ludzi, naprawdę nie wiedzą, ile tracą, uparcie podążając za cywilizacyjnymi wynalazkami.

W jednym z programów śniadaniowych bardzo sympatyczny pan przygotował sałatkę z pomarańczy i pora. Wyglądała ładnie, oryginalnie, ale jeść się jej nie dało. Wszyscy ukradkiem wyrzucali to kulinarne arcydzieło do kosza.
Natomiast hitem był mój energetyczny, ziołowy rosół. Każdy chciał choć odrobinę spróbować. A jaki aromat rozchodził się podczas gotowania, atmosfera była swojska, rodzinna jak w domu. I można normalnie, i oryginalnie, i zdrowo.

### ✶ szybkie śniadanie, czyli budyń dla niejadków

<u>przepis:</u>
W młynku do kawy zemleć 1 szklankę płatków owsianych, 1 szklankę kaszy jaglanej, ½ szklanki słodkich migdałów, ½ szklanki pestek dyni, 5 łyżek nasionek kopru włoskiego.

Wymieszać, wsypać do słoika i szczelnie zamknąć. Rano wlać do garnka 1 ½ szklanki mleka, wsypać 4 – 5 łyżek pożywnej mąki, dodać trochę zmielonego cynamonu, ewentualnie szczyptę zmielonych goździków, 1 łyżeczkę miodu (jeśli ktoś lubi bardziej słodkie, może więcej dodać miodu) i zagotować. Można nieco podgotować na małym ogniu, wtedy budyń będzie gęściejszy. Jeśli ktoś nie toleruje mleka, może budyń przygotować na wodzie lub na energetycznym rosole. Oczywiście, jeśli na rosole, to bez miodu.
Budyń posiada wszystko, co człowiekowi do życia jest potrzebne, zapewni więc zdrowie i pogodę ducha na cały dzień.

**✶ krem z kaszy jaglanej**

przepis:
1 szklankę gotowanej kaszy jaglanej, 1 łyżeczkę miodu, 1 łyżkę masła śmietankowego, cynamon, pokrojone daktyle, rodzynki, zmielone ziarno sezamu, owoce sezonowe;

Kaszę jaglaną z miodem i masłem zmiksować, następnie dodać bakalie i starannie wymieszać. Następnie krem wyłożyć do salaterek, posypać cynamonem, można dodać owoce sezonowe.

Krem jest pyszny, ale również niezwykle zdrowy, bowiem kasza jaglana, która wchodzi w jego skład, rozgrzewa organizm, jest bogatym źródłem witamin z grupy B, a także mikroelementów – żelaza, wapnia, magnezu, krzemu. Zawiera również niezwykle wartościowe dla organizmu nienasycone kwasy tłuszczowe.

**✶ ziarno sezamu**

Ziarna sezamu zawierają cały zestaw mikroelementów, a także posiadają wartościowe substancje białkowe. Są więc bardzo

pożyteczne przy chorobach wątroby i woreczka żółciowego – są skutecznym lekiem przy zaparciach. Wspaniale wzmacniają mięsień sercowy. Są bardzo ważnym źródłem wapnia, lekkostrawnego, łatwo przyswajalnego przez organizm, więc przy osteoporozie czyni cuda. Stosować 2 – 3 łyżeczki dziennie, najlepiej zmielonego. Ostatnio naukowcy znaleźli w ziarnach sezamu substancję chroniącą przed nowotworem.
Można spożywać na różne sposoby – dodawać do zupy, do kaszy jaglanej, do płatków owsianych czy sałatek warzywnych, a można po prostu żuć w czasie pracy.

**✶ drożdżowe bułeczki**

przepis:
1 szklankę cukru nieoczyszczonego, 4 jajka, 2 łyżki masła, 2 szklanki mąki pszennej, 1 szklankę mąki graham, 8 dag drożdży, ¼ szklanki mleka, ½ szklanki rodzynek, 3 łyżki cukru pudru.

Do salaterki wsypać mąkę i ¾ szklanki cukru, dodać jajka, masło, rodzynki. Do kubka wlać ciepłe mleko, dodać drożdże, 1 łyżeczkę mąki, 1 łyżeczkę cukru, wymieszać, odstawić do wyrośnięcia. Gdy drożdże wyrosną, wlać do salaterki, całość dokładnie wymieszać mikserem.
Pozostawić na 1 godzinę do wyrośnięcia. Następnie formować małe bułeczki i układać na blaszkę. Odstawić na ½ godziny do wyrośnięcia. Piec w temperaturze 200 stopni około 30 minut. Po upieczeniu smarować bułeczki przegotowaną wodą z cukrem pudrem i posypać cukrem nieoczyszczonym.

Szczególnie dzieciom i młodzieży nie żałować tego smakołyku. Bułeczki można przygotowywać z makiem, także z serem, z konfiturami, z jabłkami, z truskawkami, jagodami, z rabarbarem, a nawet z suszonymi owocami.

### ✶ ciasteczka pychotki

przepis:

1 łyżkę sproszkowanej gałki muszkatołowej, 2 łyżki cynamonu, 4 łyżki zmielonego ziarna sezamu, 2 łyżki zmielonej macierzanki, 1 łyżkę zmielonego kopru włoskiego, ½ kostki masła śmietankowego, 1 szklankę cukru złocistego, 5 wiejskich jajek, ½ kg mąki białej i ½ kg mąki graham.

Cukier i jajka ubić na pianę, wlać rozpuszczone masło i dodać mąkę wymieszaną z pozostałymi składnikami - wyrobić ciasto. Jeśli byłoby zbyt twarde, dodać nieco mleka. Położyć w lodówce na ½ godziny do schłodzenia.
Następnie podzielić na części, cienko rozwałkować. Zrobić ciasteczka, piec 15 minut w piekarniku.
Ciasteczka pychotki są na dobrą pamięć, jasność myślenia, wyciszenie organizmu.

### ✶ kisiel z siemienia lnianego z anyżkiem

przepis:

1 łyżkę ziarenek siemienia lnianego i 1 łyżeczkę ziarenek anyżku wsypać wieczorem do szklanki, zalać wrzącą wodą - rano podgrzać, przecedzić, dodać nieco miodu lub soku owocowego. Kisiel ten wspomaga pracę układu pokarmowego, jest niezwykle cenny przy zaparciach, leczy także oskrzela, szczególnie zaś wtedy, gdy są zaflegmione.

Siemię lniane odtłuszczone nie zawiera oleju lnianego, który odżywia organizm i przyspiesza spalanie tłuszczy. Jest więc mało wartościowe dla organizmu.

# KURACJA
# CZTERY KROKI DO ZDROWIA
# – POWRÓT DO ZDROWIA

*Chorobie należy odciąć źródło utrzymania. Zmienić pożywienie – organizm oczyścić, a następnie przyjaznym, energetycznym pożywieniem dać szansę na odnowienie każdej komórki. Proces odnowienia następuje powoli, ale systematycznie według określonych zasad, wszak w przyrodzie wszystko się odnawia, jeśli są oczywiście spełnione odpowiednie warunki do odnowienia.*

*Stefania Korżawska*

## Choroby wynikające z zanieczyszczenia organizmu

Do tej grupy zaliczymy przede wszystkim choroby cywilizacyjne, czyli wieńcówkę, nadciśnienie, żylaki, prostatę, cukrzycę, miażdżycę, wzdęcia, zgagę, hemoroidy, zaparcia, choroby kręgosłupa.
Wystarczy wtedy przeprowadzić oczyszczenie organizmu, następnie wzmocnić go energetycznym pożywieniem, sięgnąć po przyjazne i życiodajne herbatki ziołowe i zdrowie będzie powracało.

***uwaga:***
*Większość tych chorób opisałam w książkach „Wytrwać w zdrowiu" i „Budować zdrowie". W poszczególnych jej rozdziałach znajdziecie Państwo opis choroby, przyczynę jej powstania, a także gotowe recepty na budowanie zdrowia.*

*W tym zaś rozdziale podam najważniejsze przepisy dotyczące poszczególnych chorób, a także krótką informację, od czego zacząć budowanie zdrowia. Bardzo często bowiem się zdarza, że Państwo uważnie studiujecie moje książki, lecz niestety nie potraficie zdobytej wiedzy dostosować do własnego, często bardzo wyniszczonego chorobami organizmu.*

*Niejednokrotnie w organizmie jest kilka chorób i wtedy Państwo pytacie, jaką kurację zastosować. Przede wszystkim zacząć od kuracji cztery kroki do zdrowia – oczyszczenie organizmu, następnie energetyczne pożywienie. W czasie tej kuracji można popijać herbatki oczyszczające i rozgrzewające. Polecam Herbatkę Mistrzowską, Ziemiańską, wspaniale oczyszcza organizm Herbatka Książęca. A gdy stan zdrowia będzie się poprawiał, można włączać dodatko-*

*we herbatki czy mikstury, które będą pomagały przy danej chorobie. Jednak, nie można wszystkich herbatek i miksturek stosować jednocześnie. Myślę, że dobrym rozwiązaniem jest wymienne ich stosowanie.*

*Jeśli jest kilka chorób i do tego np. wrzody żołądka, to oprócz kuracji czterech kroków, warto zastosować recepty dotyczące wrzodów żołądka, bo zdrowy żołądek będzie gwarantem dobrej pracy całego układu pokarmowego, a ten z kolei gwarantem zdrowia organizmu.*

*serdecznik*

## Herbatka z majeranku, słoneczny syrop - alergia

- przeprowadzić kurację „Cztery kroki do zdrowia",
- herbatki i miksturki stosowane przy tej chorobie opisałam w książce „Wytrwać w zdrowiu" s. 85.

*herbatka z majeranku* - przepis:

skład:

majeranek 50 g

wykonanie:

1 łyżeczkę majeranku wsypać do szklanki, zalać wrzącą wodą. Zaparzyć pod przykryciem 10 - 15 minut. Przecedzić. Można dodać do niej słonecznego syropu. Jeśli chcemy dodać miodu, wtedy herbatkę majerankową z miodem należy zagotować i ogrzewać na małym ogniu 1 - 2 minuty.

zastosowanie:

Herbatkę należy popijać zamiast zwykłej herbaty. Przede wszystkim leczy ona słońcem, rozprasza wilgoć w organizmie. Przekazuje ciepło. Skutecznie dba o układ pokarmowy.

***uwaga:***

*Miód choć niezwykle zdrowy, u wielu może wywoływać alergię, ponieważ jest śluzotwórczy. Dlatego chorym na alergię należy miód przegotować, wtedy pozbędziemy się chorobotwórczego śluzu. Pytacie Państwo czy miód podczas gotowania nie wytraci swoich wartości. Część wytraci, ale zyska ciepło, które choremu na alergię potrzebne jak letnie słońce.*

*słoneczny syrop* – przepis:

skład:

Płatki słonecznika, płatki nagietka, płatki róży w równych częściach.

wykonanie:

Płatki należy wymieszać, część wsypać do słoika, zasypać cukrem nieoczyszczonym i dobrze ugnieść drewnianą łyżką. Wsypać następną część, zasypać cukrem i znów ugnieść. Słoik przykryć ściereczką. Postawić na słonecznym balkonie lub parapecie. Po kilku dniach zawartość słoika przelać do garnka, zagotować. Przecedzić. Wlać gorący syrop do słoika.

zastosowanie:

Słoneczny syrop przede wszystkim leczy ciepłem. Rozgrzewa więc organizm, a tym samym daje mu szansę na prawidłowe funkcjonowanie.

***uwaga:***

*Alergia to mocne wychłodzenie nerek, stąd po organizmie płynie zimna, śluzotwórcza krew. Należy więc rozgrzać go energetycznym pożywieniem, wprowadzić na stałe do jadłospisu energetyczny rosół z kaszą jaglaną. To proste jedzenie najszybciej rozprawi się z zimnem, wilgocią i śluzem, tym samym przywróci ciepło, a z nim właściwe funkcjonowanie organizmu.*

## Winko z nasienia marchwi - wieńcówka

- przeprowadzić kurację „Cztery kroki do zdrowia",
- herbatki i miksturki stosowane przy tej chorobie opisałam w książce „Wytrwać w zdrowiu" s. 87,
- nasiona marchwi rozkurczają naczynia krwionośne.

*winko z nasienia marchwi* - przepis:

<u>skład:</u>

Nasienie marchwi 5 łyżek, nasienie kopru włoskiego 3 łyżki, nasienie kminku 3 łyżki, owoc głogu 3 łyżki, ziele serdecznika 3 łyżki, 2 butelki wina białego, gronowego, wytrawnego, 5 łyżek miodu.

<u>wykonanie:</u>

Zioła wsypać do garnka, wlać wino, zagotować, a następnie na małym ogniu gotować około 15 minut. Przecedzić, do wywaru dodać miód, zagotować. Gorące winko przelać do butelek.

<u>zastosowanie:</u>

Winko oczyszcza i rozkurcza naczynia krwionośne, również wieńcowe. Stosować 5 – 6 łyżek dziennie między posiłkami.

Nasiona marchwi, które wchodzą w skład winka są źródłem zespołu flawonoidów, działających przeciwskurczowo na naczynia wieńcowe serca. Po podaniu doustnym, flawoniody dobrze wchłaniają się w jelicie i zwiększają przepływ krwi do serca. Poza tym nasionka zawierają cholinę, a ta wpływa pozytywnie na pracę wątroby, dzięki czemu reguluje poziom cholesterolu we krwi.

***uwaga:***
*Nowoczesne, silne lekarstwa potrafią rozkurczyć naczynia krwionośne, skutecznie rozrzedzić krew, rozpuścić skrzep, który zaczopował naczynie krwionośne. Jednak, gdy już życie zostanie uratowane, a pacjent wypisany ze szpitala, trzeba zacząć mądrze budować zdrowie. Same lekarstwa syntetyczne to za mało, by zdrowie powróciło. Należy dokładnie przeprowadzić kurację cztery kroki do zdrowia, dzięki temu obniży się cholesterol, trójglicerydy, wyreguluje ciśnienie krwi, rozrzedzi krew, powoli i systematycznie będą oczyszczać się naczynia krwionośne, zacznie więc powracać zdrowie.*

## Piwo serdecznikowe - wzmocnienie serca

- przeprowadzić kurację „Cztery kroki do zdrowia",
- zamiast zwykłej herbaty, należy popijać Herbatkę Ziemiańską,
- jeśli jest wysoki cholesterol i trójglicerydy pomocna będzie Herbatka Książęca.

*piwo serdecznikowe* - przepis:

skład:

2 łyżki ziela serdecznika, 1 łyżkę ziela nawłoci, ½ łyżeczki cynamonu, 1 łyżeczkę kardamonu, 2 szklanki dobrego piwa, 1 łyżkę miodu.

wykonanie:

Zioła wsypać do garnka, wlać piwo, zagotować. Na małym ogniu podgotować około 5 minut, przecedzić. Dodać miód, zagotować.

zastosowanie:

Pić bardzo ciepłe po ¼ szklanki między posiłkami. Piwo serdecznikowe regeneruje serce, poprawia krążenie, uspokaja, wzmacnia też nerki, w dawnej Polsce specjaliści stosowali przy epilepsji.

## Skuteczna herbatka z rutą – kołatanie serca

- przeprowadzić kurację „Cztery kroki do zdrowia",
- zamiast zwykłej herbatki polecam ziołową Herbatkę| Mistrzowską, również w tym schorzeniu pomocna będzie Herbatka Ziemiańska.

*skuteczna herbatka z rutą* – przepis:

skład:

| | |
|---|---|
| ziele krwawnika | 50 g |
| ziele ruty | 50 g |
| liść melisy | 50 g |

wykonanie:

Zioła wymieszać, 3 łyżki wsypać do garnka, wlać 3 szklanki wody, zagotować. A następnie pod przykryciem zaparzać 15 minut. Przecedzić.

zastosowanie:

Herbatkę należy pić ciepłą w ciągu dnia, najlepiej łykami.
Kiedyś mówiono, że ruta to zioło stworzone dla serca.
Lubi towarzystwo oczyszczającego krwawnika i melisy, która chętnie się śmieje. Razem tworzą silny zespół, który uspokoi i wzmocni serce.

## Winko „Do boju z miażdżycą" - miażdżyca

- przeprowadzić kurację „Cztery kroki do zdrowia",
- choroba opisana jest w książce „Wytrwać w zdrowiu" s. 93,
- zamiast zwykłej herbatki polecam Herbatkę Ziemiańską,
- jeśli jest wysoki cholesterol i trójglicerydy można popić Herbatkę Książęcą.

*winko „Do boju z miażdżycą"* - przepis:

<u>skład:</u>
2 garście wiosennych liści czarnej porzeczki, 4 garście owoców czarnej porzeczki, 4 garście owoców jarzębiny, 1 litr wódki, 5 łyżek miodu.

<u>wykonanie:</u>
Wiosenne liście czarnej porzeczki wsypać do słoja, zalać wódką. Przykryć lnianą ściereczką i postawić na słońcu, by jego cenne promienie dodawały energii nalewce.
Latem do tego słoja wsypać owoce czarnej porzeczki, zalać wódką i znów postawić na słońce. Jesienią dodać jarzębinę, zalać wódką i postawić w kuchni na miesiąc. Następnie nalewkę zlać. Do nalewki dodać 5 łyżek miodu, dokładnie wymieszać.

<u>zastosowanie:</u>
Nalewkę popijać 3 x dziennie po łyżce. Poprawia krążenie, wzmacnia serce, ale przede wszystkim walczy z miażdżycą. Zawiera alkohol!

## Winko obniżające cholesterol, ziołowa odżywka – wysoki cholesterol, trójglicerydy

- przeprowadzić kurację „Cztery kroki do zdrowia”,
- herbatki i miksturki stosowane przy tej chorobie opisałam w książce „Wytrwać w zdrowiu” s. 95.

*winko obniżające cholesterol* – przepis:

skład:

½ szklanki drobno pokrojonego czosnku, 6 łyżek owoców głogu, 3 łyżki nasion kopru włoskiego, pęczek natki pietruszki, drobno pokrojonej lub garść natki suszonej, 2 butelki wina białego, gronowego, wytrawnego, ½ litra miodu.

wykonanie:

Zioła wsypać do słoika, wlać wino. Postawić w kuchni lub na słońcu na 5 dni – następnie całość przelać do garnka, zagotować i na małym ogniu ogrzewać około 15 minut, przecedzić. Dodać miód, zagotować. Gorące winko rozlać do butelek.

zastosowanie:

Stosować 4 – 5 x po łyżce między posiłkami, najlepiej rozcieńczyć ciepłą wodą lub herbatą ziołową. Winko rozrzedza krew, oczyszcza naczynia krwionośne, obniża cholesterol i trójglicerydy.

*ziołowa odżywka obniża cholesterol i trójglicerydy* – przepis:

skład:

50 g zmielonego kłącza perzu,
10 łyżek zmielonego ziarna sezamu.

wykonanie:

Kłącze perzu i ziarno sezamu dokładnie wymieszać, wsypać do słoika, szczelnie zamknąć.

zastosowanie:

2 - 3 łyżki ziołowej odżywki można dodać do sałatek warzywnych, zupy, płatków owsianych. Jest to doskonały środek wzmacniający, a jednocześnie zadba o naszą krew, obniży cholesterol i trójglicerydy, poprawi pracę wątroby.

## Herbatka z pietruszki - nadciśnienie

- przeprowadzić kurację „Cztery kroki do zdrowia",
- herbatki i miksturki stosowane przy tej chorobie opisałam w książce „Wytrwać w zdrowiu" s. 90.

*herbatka z pietruszki* - przepis:

skład:

3 średnie korzenie pietruszki, 4 szklanki wody.

wykonanie:

Pietruszkę drobno pokroić, wsypać do garnka, wlać 4 szklanki wody. Zagotować, a następnie na małym ogniu gotować około 20 minut.

zastosowanie:

Wywar popijać ciepły w ciągu dnia, pietruszkę można zjeść albo dodać do sałatki warzywnej.
Latem, gdy korzenia braknie, wykorzystać natkę pietruszki. Garść natki wsypać do garnka, wlać 5 szklanek wody, zagotować, a później na małym ogniu podgotować około 5 minut.

Pietruszka przeprowadza od choroby do zdrowia, bowiem dba o fundament organizmu, czyli nerki. Zdrowe zaś nerki to również prawidłowe krążenie.

## Nalewka na młodość, herbatka podwyższająca ciśnienie - niedociśnienie

- przeprowadzić kurację „Cztery kroki do zdrowia",
- zamiast zwykłej herbatki polecam ziołową Herbatkę Mistrzowską lub Ambrozję Antyprzeziębieniową,
- należy organizm rozgrzać energetycznym pożywieniem i rozgrzewającymi herbatkami, ponieważ jest bardzo wychłodzony, więc krew słabo płynie, a serce nie ma odpowiedniej mocy do pracy.

*nalewka na młodość* - przepis:

skład:

8 łyżek ziela rozmarynu, 5 łyżek kwiatów lawendy, ½ litra spirytusu 70%.

wykonanie:

Zioła wsypać do słoika, zalać spirytusem, postawić w kuchni na 10 dni. Przecedzić nieco nalewki, a pozostała niech nabiera odpowiedniej mocy.

zastosowanie:

Stosować 3 x dziennie 1 łyżeczkę. Nalewkę można dodać do herbatki ziołowej.
Rozmaryn - to silne zioło, to zioło młodości, a więc również młodzieńcza chęć do życia, natomiast lawenda to żar letniego

słońca, rozproszy więc wilgoć w organizmie, stąd krew będzie szybciej płynęła po organizmie.

*herbatka podwyższająca ciśnienie* - przepis:

skład:

| | |
|---|---|
| ziele serdecznika | 50 g |
| liść rozmarynu | 50 g |

wykonanie:

Zioła wymieszać, 1 łyżkę ziół zalać 1 szklanką wrzącej wody, zaparzyć 15 minut, przecedzić.

zastosowanie:

Herbatkę wypić ciepłą, 2 - 3 szklanki dziennie.

## Maść z nagietka - żylaki

- przeprowadzić kurację „Cztery kroki do zdrowia",
- herbatki i miksturki stosowane przy tej chorobie opisałam w książce „Wytrwać w zdrowiu" s. 99.

*maść z nagietka* - przepis:

skład:

2 garście świeżych kwiatów nagietka lub garść suszonych, ½ litra gęsiego smalcu.

wykonanie:

Kwiaty nagietka wsypać do garnka, wlać gęsi smalec, zagotować, a następnie na małym ogniu ogrzewać około 10 minut. Pozostawić do naciągnięcia pod przykryciem na kilka godzin. A później podgrzać, przecedzić. Wlać do słoika. Przechowywać w lodówce lub w piwnicy.

zastosowanie:

Smarować maścią bardzo delikatnie nogi, zawsze od dołu do góry. Działa przeciwzapalnie, a także wzmacnia żyły.

## Nalewka z arniki – zapalenie zakrzepowe żył

- przeprowadzić kurację „Cztery kroki do zdrowia",
- zamiast zwykłej herbaty polecam Herbatkę Ziemiańską.

*nalewka z arniki* – przepis:

skład:

3 łyżki kwiatów arniki, 5 łyżek ziela ruty, 5 łyżek kwiatów kasztanowca (lub garść świeżych kwiatów kasztanowca).

wykonanie:

Zioła wsypać do słoika, wlać ½ litra wódki, postawić w kuchni. Codziennie wstrząsnąć. Po 10 dniach można odlać nieco nalewki.

zastosowanie:

Najlepiej 3 łyżeczki nalewki dodać do 3 szklanek herbatki z kwiatów rumianku. Popijać w ciągu dnia.

## Winko rumiankowe, herbatka wzmacniająca nerki – zatrzymanie wody w organizmie

- przeprowadzić kurację „Cztery kroki do zdrowia",
- zatrzymanie wody w organizmie następuje na wskutek silnego wychłodzenia,
- przede wszystkim należy rozgrzać i wzmocnić nerki,
- zamiast zwykłej herbatki polecam Herbatkę Mistrzowską, a także Ambrozję Antyprzeziębieniową.

*winko rumiankowe* – przepis:

skład:

6 łyżek kwiatów rumianku, 3 szklanki wina białego, gronowego, wytrawnego.

wykonanie:

Kwiatki rumianku wsypać do słoika, wlać wino, postawić w kuchni na 3 dni. Następnie przelać do garnka, zagotować i na małym ogniu gotować około 10 minut, przecedzić, przelać do butelki.

zastosowanie:

Stosować 3 x dziennie po 4 łyżki, najlepiej dodać do herbatki ziołowej.

*herbatka wzmacniająca nerki* – przepis:

skład:

| | |
|---|---|
| ziele ruty | 50 g |
| liść szałwi | 50 g |
| znamię kukurydzy | 50 g |

wykonanie:

3 łyżki ziół wsypać do garnka, wlać 4 szklanki wody, zagotować, a następnie zaparzać pod przykryciem 15 minut. Przecedzić.

zastosowanie:

Herbatkę popijać ciepłą w ciągu dnia. Ruta poprawia krążenie, szałwia i znamię kukurydzy wzmacniają nerki i odprowadzają wodę. Do herbatki można nieco dodać winka św. Hildegardy (przepis s. 109), które poprawia krążenie nerkowe.

## Olej o działaniu przeciwzapalnym – prostata

- przeprowadzić kurację „Cztery kroki do zdrowia",
- herbatki i miksturki stosowane przy tej chorobie opisałam w książce „Budować zdrowie" s. 145.

*olej o działaniu przeciwzapalnym* – przepis:

skład:

4 łyżki nasion kozieradki, 3 łyżki owoców głogu, 3 łyżki ziela macierzanki, 4 łyżki korzenia żywokostu, ½ litra oleju lnianego.

wykonanie:

Zioła wsypać do słoika, wlać olej. Zakręcić słoik i wstawić go do garnka z wodą. Zagotować wodę, a następnie na małym ogniu ogrzewać około 1 godziny. Zdjąć z ognia, olej pozostawić do naciągnięcia na kilka godzin. Podgrzać i przecedzić.

zastosowanie:

Olejem smarować okolice prostaty. Można też zrobić okład z ciepłego oleju i pozostawić go na noc. Poprawia krążenie, a także działa przeciwzapalnie.

## Herbatka Książęca
## - reguluje poziom cukru we krwi

- przeprowadzić kurację „Cztery kroki do zdrowia",
- herbatki i miksturki stosowane przy tej chorobie opisałam w książce „Wytrwać w zdrowiu" s. 70.

*herbatka książęca* - przepis:

skład:

| | |
|---|---|
| znamię kukurydzy | 70 g |
| liście morwy białej | 35 g |
| kwiat bzu czarnego | 35 g |

wykonanie:

Zioła wymieszać, 3 łyżki wsypać o garnka, wlać 3 szklanki wody, zagotować, naciągać pod przykryciem 15 minut, przecedzić.

zastosowanie:

Pić herbatkę ciepłą w ciągu dnia, najlepiej łykami. Poprawia przede wszystkim pracę nerek i wątroby. Jeśli te dwa narządy właściwie pracują, wtedy po organizmie popłynie czysta, zdrowa krew. I nie będzie miejsca na cukrzycę.
Poza tym Herbatka Książęca zadba o zgrabną sylwetkę, nic dziwnego, że popijała ją piękna cesarzowa Sissi.

Gotowa Herbatka Książęca dostępna także w sklepach ziołowych i na *www.sklepzziolami*

## Syrop ułatwiający przyswajanie wapnia – osteoporoza

- koniecznie przeprowadzić kurację „Cztery kroki do zdrowia",
- herbatki i miksturki stosowane przy tej chorobie opisałam w książce „Wytrwać w zdrowiu" s. 67,
- ocet jabłkowy pomaga w przyswajaniu wapnia.

*syrop ułatwiający przyswajanie wapnia* – przepis:

skład:

50 g suszonego skrzypu lub 3 garście drobno pokrojonego świeżego skrzypu, 10 szklanek wody, ½ litra płynnego miodu, 6 łyżek octu jabłkowego, najlepiej własnej produkcji, 1 pokruszoną laseczkę cynamonu, 1 łyżeczkę kardamonu.

wykonanie:

Skrzyp wsypać do garnka, wlać wodę, dodać cynamon i kardamon, zagotować. A następnie na małym ogniu ogrzewać 15 minut. Przecedzić, dodać miód. Zagotować. Gorący rozlać do słoików, wstawić pod koc, by zawekować.

zastosowanie:

Dodawać syrop do herbatki ziołowej jak owocowy sok. Można go również podawać dzieciom anemicznym, chorowitym, z bardzo słabym kośćcem.

## Nalewka z tataraku, herbatka tatarakowa - zgaga

- przeprowadzić kurację „Cztery kroki do zdrowia",
- herbatki i miksturki stosowane przy tej chorobie opisałam w książce „Budować zdrowie" s. 98.

*nalewka z tataraku* - przepis:

skład:

10 łyżek kłącza tataraku, ½ litra wódki lub spirytusu 70%.

wykonanie:

Tatarak wsypać do słoika, wlać ½ litra wódki lub spirytusu 70%. Postawić w kuchni na 10 dni. Codziennie wstrząsnąć. Po 10 dniach odlać tyle, ile potrzeba do użytku. Pozostała nalewka niech się maceruje, im dłużej, tym będzie mocniejsza w działaniu.

zastosowanie:

Pić 3 x dziennie po 1 łyżce między posiłkami. Najlepiej 1 łyżkę nalewki wlać do ¼ szklanki letniej wody i wypić. Nalewka tatarakowa jest niezwykle pomocna w dolegliwościach układu pokarmowego. Wzmacnia także naczynia krwionośne, polecam ją więc tym, którzy mają poważny problem z pękającymi naczyniami krwionośnymi.

***uwaga:***
*Jeśli organizm jest bardzo wyniszczony chorobą, wtedy polecam herbatkę tatarakową, wszak nalewka może być dla niego zbyt mocna.*

*herbatka tatarakowa* – przepis:

skład:

1 łyżeczka kłącza tataraku, 1 szklanka chłodnej, przegotowanej wody.

wykonanie:

Wieczorem tatarak wsypać do garnka, wlać wodę. Przykryć i pozostawić na noc. Rano delikatnie podgrzać, przecedzić.

zastosowanie:

Pić 1 łyk przed jedzeniem i 1 po jedzeniu, czyli 1 szklankę dziennie.

## Winko z nasion babki płesznik, cenny napój migdałowy, skuteczna mikstura z aloesem – zaparcia

- przeprowadzić kurację „Cztery kroki do zdrowia",
- herbatki i miksturki stosowane przy tej chorobie opisałam w książce „Budować zdrowie" s. 86.

*winko z nasion babki płesznik* – przepis:

skład:

6 łyżek nasion babki płesznik, 1 butelka wina białego, gronowego, wytrawnego.

wykonanie:

Nasiona babki płesznik wsypać do garnka, wlać wina, zagotować, a następnie na małym ogniu ogrzewać około 5 minut. Przecedzić.

zastosowanie:

Pić 4 łyżki winka przed snem.
Babka płesznik jest cennym źródłem rozpuszczalnego i nierozpuszczalnego błonnika, powoduje również wzrost dobrych bakterii w jelitach, a także wiąże toksyny i wydala z organizmu.

***uwaga:***
*Można też spożywać same nasionka babki płesznik - 2 - 3 łyżki po jedzeniu. Polecam taką kurację ciężko chorym, po operacjach, w trakcie chemioterapii i radioterapii.*

*napój migdałowy* – przepis:

skład:

3 łyżki zmielonych, słodkich migdałów, 1 szklanka chłodnej, przegotowanej wody.

wykonanie:

Wieczorem wsypać migdały do szklanki, wlać wodę, zostawić do naciągnięcia na noc.

zastosowanie:

Rano dokładnie wymieszać i wypić zamiast śniadania.

***uwaga:***
*Migdały zawierają niezwykle cenne białko, są również bogatym źródłem wapnia, magnezu, żelaza, a także witaminy B i C. Polecane są więc nawet osobom wyniszczonym chorobą, gdyż wzmacniają i odnawiają organizm. Mleczko migdałowe pomaga przy zaparciach. Można podawać je również dzieciom i młodzieży, wszak nie tylko walczy z zaparciami, ale także wzmocni mózg, nerwy, a także nerki i wątrobę.*

*skuteczna mikstura z aloesem* – przepis:

skład:

1 łyżeczka soku z aloesu
1 łyżeczka oleju z oliwek
1 łyżeczka soku z cytryny

wykonanie:
Soki wymieszać, wlać do ½ szklanki ciepłej wody.

zastosowanie:
Wypić najlepiej przed śniadaniem.

***uwaga:***
*Wszystkie te kuracje można stosować przez kilka czy kilkanaście dni. W tym czasie należy organizm oczyścić i rozgrzać ciepłym jedzeniem. Gdy jelita się oczyszczą i rozgrzeją, wtedy poprawi się krążenie jelitowe i wróci normalne wypróżnianie.*

## Herbatka z perzu – otłuszczona wątroba

- przeprowadzić kurację „Cztery kroki do zdrowia",
- zamiast zwykłej herbaty popijać Herbatkę Książęcą,
- leczniczo 2 – 3 szklanki herbatki z perzu.

*herbatka z perzu* – przepis:

skład:
1 łyżkę kłącza perzu, 1 szklanka wrzącej wody.

wykonanie:

Perz wsypać do kubka, wlać wrzącą wodę, zaparzyć pod przykryciem 15 minut, przecedzić.

zastosowanie:

Pić ciepłą herbatkę 3 x dziennie po jedzeniu. Perz poprawia przemianę materii, obniża poziom trójglicerydów i cholesterolu, poprawia również krążenie w naczyniach wątrobowych, dzięki temu wątroba sprawniej pracuje i skuteczniej radzi sobie z tłuszczykami.

## Cenna herbatka przeciwkrwotoczna - krwotoki maciczne

- przeprowadzić kurację „Cztery kroki do zdrowia",
- zastosować winko daktylowe, które wzmacnia krew.

*herbatka przeciwkrwotoczna* - przepis:

skład:

| | |
|---|---|
| ziele rdestu ostrogorzkiego | 50 g |
| ziele tasznika | 50 g |

wykonanie:

4 łyżki ziół wsypać do garnka, wlać 4 szklanki wody, zagotować, a następnie pod przykryciem zaparzać 15 minut. Przecedzić.

zastosowanie:

Herbatkę pić ciepłą w ciągu dnia, najlepiej łykami. Jeśli będą silne krwotoki, można wypić do 2 litrów tej ziołowej herbatki. Po dwóch dniach kuracji, krwotoki albo całkowicie ustaną, albo się zmniejszą. Zioła należy pić jeszcze, przynajmniej przez 2 tygodnie – 4 szklanki dziennie.

## Jarzębinowa herbatka – upławy

- przeprowadzić kurację „Cztery kroki do zdrowia",
- herbatki i miksturki stosowane przy tej chorobie opisałam w książce „Budować zdrowie" s. 131.

*jarzębinowa herbatka* – przepis:

skład:

| | |
|---|---|
| owoc jarzębiny | 100 g |
| kwiat jasnoty białej | 50 g |

wykonanie:

4 łyżki ziół wsypać do garnka, wlać 5 szklanek wody, zagotować. A następnie na małym ogniu ogrzewać 2 minuty. Zaparzać pod przykryciem 15 minut, przecedzić.

zastosowanie:

Pić herbatkę ciepłą w ciągu dnia, najlepiej łykami.

## Kąpiel w naci marchwi – nietrzymanie moczu

- przeprowadzić kurację „Cztery kroki do zdrowia",
- herbatki i miksturki stosowane przy tej chorobie opisałam w książce „Budować zdrowie" s. 114.

*kąpiel w naci marchwi* – przepis:

skład:

½ wiaderka świeżej naci marchwi, 4 litry wody.

wykonanie:

Nać marchwi włożyć do garnka, wlać wodę, zagotować, a następnie na małym ogniu ogrzewać 15 minut. Zaparzać pod przykryciem nawet kilka godzin. Wieczorem przecedzić wywar do wanny, dolać ciepłej wody.

zastosowanie:

Kąpiel winna trwać około 20 minut, nerki muszą być pod wodą, zaś serce nad wodą.
Wykonać 10 kąpieli, następnie zrobić tygodniową przerwę i jeszcze raz powtórzyć kurację.

## Syrop z perzu – moczenie nocne u dzieci

– herbatki i miksturki stosowane przy tej chorobie opisałam w książce „Budować zdrowie" s. 110

*syrop z perzu* – przepis:

skład:

50 g kłącza perzu, 5 szklanek wody, ½ litra płynnego miodu.

wykonanie:

Perz wsypać do garnka, wlać wodę, zagotować, a następnie na małym ogniu ogrzewać około 15 minut. Zaparzać pod przykryciem 1 godzinę. Przecedzić.

Dodać miód, zagotować, podgotować 2 –3 minuty, przelać do butelek.

zastosowanie:

Wlać 4 – 5 łyżek do rozgrzewającej herbatki, może być Herbatka Mistrzowska. Herbatka z syropem wzmocni nerki, pęcherz, a także pomoże przy bolącym brzuszku.

## Ziołowe powidła i nalewka z piołunu – bóle reumatyczne

- przeprowadzić kurację „Cztery kroki do zdrowia",
- energetyczny rosół i kasza jaglana skutecznie rozprawiają się z reumatyzmem,
- herbatki i miksturki stosowane przy tej chorobie opisałam w książce „Wytrwać w zdrowiu" s. 55.

*powidła leczące reumatyzm* – przepis:

skład:

1 kg owoców jarzębiny, 1 kg owoców bzu czarnego, 1 kg jabłek, 1 kg cukru złocistego lub miodu, 3 szklanki wody, 2 łyżeczki zmielonego cynamonu, 1 łyżeczkę kardamonu, 3 łyżki zmielonego ziela cząbru.

wykonanie:

Owoce wsypać do garnka, gotować aż będą miękkie. Pod koniec gotowania dodać zioła. Przełożyć gorącą marmoladkę do słoików, zawekować. Najlepiej gorące słoiki postawić na kilka godzin pod koc. Przechowywać w chłodnym miejscu.

zastosowanie:

Stosować kilka łyżek dziennie między posiłkami. Ciepło marmoladki rozgrzeje chore mięśni i stawy, rozproszy wilgoć w organizmie.

*nalewka z piołunu* – przepis:

skład:

8 łyżek ziela piołunu, ½ litra wódki.

wykonanie:

Ziele piołunu wsypać do słoika, wlać wódkę, postawić w kuchni na 10 dni, codziennie wstrząsnąć.

zastosowanie:

Stosować 3 razy dziennie po 30 kropli w kieliszku ciepłej wody przy reumatyzmie, warto też smarować nalewką bolące stawy, także chory kręgosłup czy staw biodrowy.

## Naturalna pasta - paradontoza

- przeprowadzić kurację „Cztery kroki do zdrowia",
- herbatki i miksturki stosowane przy tej chorobie opisałam w książce „Wytrwać w zdrowiu" s. 105.

*naturalna pasta* – przepis:

skład:

oczyszczona kora lipy lub brzozy, 1 szklanka wina białego, gronowego, wytrawnego.

wykonanie:

Korę spalić na popiół – popiół jest szary i drobniutki.10 łyżek popiołu wsypać do słoika, wlać 1 wino, zagotować, a następnie na małym ogniu ogrzewać około 2 – 3 minuty.

zastosowanie:

Płynem razem z popiołem czyścić zęby kilka razy dziennie. Zęby po tym czyszczeniu są śliczne, białe, a dziąsła powoli będą się wzmacniały.

## Olej żywokostowy, nalewka z żywokostu – wzmocnienie kręgosłupa

- przeprowadzić kurację „Cztery kroki do zdrowia",
- problemy z kregosłupem są opisane w książce „Wytrwać w zdrowiu" (s. 29-33), a także „Kręgosłup bez bólu",
- kąpiele w macierzance lub w skrzypie, by poprawić krążenie nerkowe,
- zamiast zwykłej herbatki popijać Herbatkę Mistrzowską, Ziemiańską,
- gdyby w okolicach kręgosłupa było zimno, popijać należy herbatkę Ambrozja antyprzeziębieniowa.

*olej żywokostowy* – przepis:

skład:

3 szklanki lnianego oleju, 50 g korzenia żywokostu.

wykonanie:

Korzeń żywokostu wsypać do słoika, wlać olej. Zakręcić słoik, wstawić do garnka z wodą. Wodę zagotować, a następnie na małym ogniu ogrzewać ½ godziny. Zdjąć z ognia, naciągać kilka godzin. Podgrzać wodę, by olej był rzadszy. Przecedzić go i przelać do butelki.

zastosowanie:

Smarować nim chory kręgosłup od dołu do góry, masować szczególnie chore miejsca, osłabione, nadwerężone.

## Olej żywokostowy jest niezwykle pomocny przy schorzeniach:

- rwa kulszowa, opis choroby w książce „Wytrwać w zdrowiu" s. 34,
- ból stawu biodrowego „Wytrwać w zdrowiu" s. 36,
- ból kolana „Wytrwać w zdrowiu" s. 39,
- niegojace się rany „ Wytrwać w zdrowiu" s. 48,
- chore zatoki „Wytrwać w zdrowiu" s. 65,
- stwardnienie rozsiane „Wytrwać w zdrowiu" s. 18. Olejem należy smarować kręgosłup od dołu do góry, można również smarować nogi, by wzmocnić mięśnie.

*nalewka z żywokostu* – przepis:

skład:

50 g korzenia żywokostu, ½ litra wódki.

wykonanie:

Żywokost wsypać do słoika, wlać wódkę, postawić w kuchni na 10 dni – codziennie wstrząsnąć. Nalewka jest tym lepsza, im dłużej stoi, a więc odlać należy tylko tyle, ile potrzebujemy do użytku.

zastosowanie:

Nalewką smarujemy chore, bolące miejsca.

***uwaga:***
*Można olej żywokostowy połączyć z nalewką. Do słoika wlać ½ szklanki oleju żywokostowego i ½ szklanki nalewki żywokostowej. Dokładnie wymieszać przed użyciem, smarować bolące miejsca.*

## Olej z kory wierzby – zesztywniające zapalenie kręgosłupa

- przeprowadzić kurację „Cztery kroki do zdrowia",
- kąpiele w skrzypie (przepis s. 140),
- zamiast zwykłej herbaty popijać Herbatkę Mistrzowską na zmianę z Ziemiańską, do herbatki można dodać winko św. Hildegardy (przepis s. 109),
- leczniczo 2 – 3 szklanki herbatki ze słomy owsianej lub z ziarna owsa.

*olej z kory wierzby* – przepis:

skład:

10 łyżek rozdrobnionej kory wierzby, 5 łyżek kwiatów rumianku, 3 szklanki lnianego oleju.

wykonanie:

Zioła wsypać do słoika, wlać olej. Zakręcić słoik, wstawić do garnka z wodą. Wodę zagotować, a następnie na małym ogniu ogrzewać ½ godziny. Zdjąć z ognia, naciągać kilka godzin. Podgrzać wodę, by olej był rzadszy. Przecedzić go i przelać do butelki.

zastosowanie:

Smarować kilka razy dziennie chory kręgosłup.

## Herbatka oczyszczająca wątrobę – tarczyca

- przeprowadzić kurację „Cztery kroki do zdrowia",
- zamiast zwykłej herbaty popijać Herbatkę Mistrzowską na zmianę z Ziemiańską, do herbatki można dodać winko św. Hildegardy (przepis s. 109).

*herbatka oczyszczająca wątrobę* – przepis:

skład:

| | |
|---|---|
| korzeń mniszka lekarskiego | 50 g |
| zmielone nasiona ostropestu | 50 g |
| korzeń łopianu | 50 g |

wykonanie:

Zioła wymieszać, 3 łyżki wsypać do garnka, wlać 4 szklanki wody, zagotować, a następnie na małym ogniu ogrzewać 2 minuty. Pod przykryciem zaparzać 10 minut.

zastosowanie:

Przecedzić, pić ciepłą w ciągu dnia. Herbatka ta oczyszcza i regeneruje wątrobę, poprawia też pracę nerek, a gdy główne narządy sprawnie pracują, po organizmie popłynie czysta, zdrowa krew. A zdrowa krew to zdrowe życie.

***uwaga:***

*Tarczyca to narząd, który bezpośrednio podlega wątrobie. Gdy więc tarczyca niedomaga, należy oczyścić i wzmocnić wątrobę. Trzeba też zadbać o nerki, wszak wątroba i nerki to naczynia połączone. Jeśli poprawimy pracę tych dwóch niezwykle ważnych narządów w organizmie, wtedy tarczyca podejmie właściwą pracę.*

## Mikstura oczyszczająca oczy – zaćma czy jaskra

- przeprowadzić kurację „Cztery kroki do zdrowia”,
- kąpiele w skrzypie (przepis s. 140),
- zamiast zwykłej herbaty popijać Herbatkę Mistrzowską na zmianę z Ziemiańską, do herbatki można dodać winko św. Hildegardy (przepis s. 109).

*mikstura oczyszczająca oczy* – przepis:

***uwaga:***
*Przed przystąpieniem do przygotowania receptury, skorupki jajek należy dokładnie sparzyć wrzątkiem!*

skład:
2 żółtka z jajek wiejskich
2 łyżki miodu
4 łyżki soku z aloesu
2 łyżki soku z cytryny
1 szklanka wina białego, gronowego, wytrawnego

wykonanie:
Żółtka dokładnie wymieszać z miodem, dodać sok z aloesu i sok cytrynowy, a na końcu wlać wino, otrzymaną miksturę przelać do butelki.

zastosowanie:
Wacik zamoczyć w miksturze i robić okłady na oczy 2 x dziennie po 30 minut aż stan zdrowia się poprawi.

***uwaga:***
*Oko wtedy będzie właściwie pracowało, gdy do niego dopłynie czysta i zdrowa krew.*

*Jednak coraz częściej mamy krew zanieczyszczoną, bowiem pożywienie, które spożywamy jest ciężkostrawne, niezdrowe, z dużą ilością chemii. Zanieczyszczenia, które płyną z krwią, odkładają się na poszczególnych częściach ciała. Dopływają również do oka, zanieczyszczają soczewkę, która z biegiem czasu przypomina brudne lustro. Staje się mniej elastyczna, zamglona, nic więc dziwnego, że wzrok słabnie. Zanieczyszczają też drobniutkie naczynia krwionośne, które znajdują się w oku, stąd jaskra.*

## Olej z nasion pokrzywy, winko wzmacniające oskrzela - astma

- przeprowadzić kurację „Cztery kroki do zdrowia",
- kąpiele w macierzance,
- zamiast zwykłej herbaty popijać Herbatkę Mistrzowską lub Ambrazję Antyprzeziębieniową.

*olej z nasion pokrzywy* - przepis:

skład:

3 garście nasion pokrzywy, ½ litra lnianego.

wykonanie:

Nasiona pokrzywy wsypać do słoika, wlać olej. Zakręcić słoik, wstawić do garnka z wodą. Wodę zagotować, a następnie na małym ogniu ogrzewać ½ godziny. Zdjąć z ognia, naciągać kilka godzin. Podgrzać wodę, by olej był rzadszy. Przecedzić go i przelać do butelki.

zastosowanie:

Smarować olejem klatkę piersiową. Ma on działanie rozgrzewające, dzięki temu oskrzela będą sprawniej pracowały.

*winko wzmacniające oskrzela* – przepis:

skład:

6 łyżek ziela miodunki (gdyby nie można było kupić ziela miodunki, proszę do przepisu użyć liści podbiału), 2 łyżki kwiatów dziewanny, 3 łyżki kwiatów bzu czarnego, 1 pokruszona laseczka cynamonu, 4 szklanki wina białego, gronowego, wytrawnego, 6 łyżek miodu;

wykonanie:

Zioła wsypać do słoika, wlać wino, postawić w kuchni na 10 dni. Następnie przelać do garnka, dodać miód, zagotować. Na małym ogniu ogrzewać około 20 minut, przecedzić.

zastosowanie:

Stosować 5 x dziennie po 2 łyżki, najlepiej dodać do herbatki ziołowej. W stanie ostrym choroby można podawać winko co godzinę 2 łyżki w małej ilości bardzo ciepłej herbatki ziołowej.

***uwaga:***

*Nie poprawimy stanu zdrowia, dokąd nie rozgrzejemy organizmu. Stąd do trzech miesięcy stosować należy energetyczne pożywienie. Zioła zaś traktujemy jako dodatek do kuracji.*

## Olej łopianowy, herbatka oczyszczająca krew - choroby skórne

- przeprowadzić kurację „Cztery kroki do zdrowia",
- kąpiele w naci marchwi, kąpiele w rumianku, jeśli skóra jest bardzo wysuszona kąpiele w prawoślazie lub ślazie,
- zamiast zwykłej herbaty popijać Herbatkę Mistrzowską na zmianę z Ziemiańską, do herbatki można dodać winko św. Hildegardy (przepis s. 109).

*olej łopianowy* - przepis:

skład:

50 g korzenia łopianu, ½ litra oleju lnianego lub sezamowego.

wykonanie:

Korzeń łopianu wsypać do słoika, wlać olej. Zakręcić słoik, wstawić do garnka z wodą. Wodę zagotować, a następnie na małym ogniu ogrzewać ½ godziny. Zdjąć z ognia, naciągać kilka godzin. Podgrzać wodę, by olej był rzadszy. Przecedzić go i przelać do butelki.

zastosowanie:

Smarujemy olejem zmiany skórne - trądzik, łuszczyca, grzybica, egzema, niegojące się rany, również cukrzycowe.

*herbatka oczyszczająca krew* - przepis:

skład:

| | |
|---|---|
| ziele bratka polnego | 50 g |
| liść orzecha włoskiego | 50 g |

wykonanie:

Zioła wymieszać, 3 łyżki wsypać do garnka, wlać 4 szklanki wody, zagotować, zaparzać pod przykryciem 15 minut, przecedzić.

zastosowanie:

Herbatkę pić ciepłą w ciągu dnia najlepiej łykami.

***uwaga:***

*Przed wojną medycy pisali, że herbatka ta przetacza krew, wszak nie tylko oczyszcza krew, ale także odnawia jej strukturę. Żeby jednak krew odnowić, również przy chorobach skórnych, należy popijać ją przez przynajmniej ½ roku. Jednak z mojego doświadczenia wynika, że w czasie kuracji ziołowej należy jednocześnie przejść na prawdziwe, zdrowe pożywienie. W dawnej Polsce o tym nie pisano, wszak jedzenie było wtedy zdrowe, naturalne, bez konserwantów, polepszaczy. Dzisiaj, gdy przemysł chemiczny jest wszechwładny, wiele chemicznych odpadków kumuluje się w organizmie. Trzeba więc wrócić nie tylko do ziół, ale także do zdrowego pożywienia.*

## Choroby ciężkie, które są wynikiem złych soków w organizmie

Jeśli organizmu nie oczyścimy i jednocześnie nie uzupełnimy brakującej energii, wtedy wszystkie narządy zaczynają pracować coraz gorzej, stąd niebiański porządek zapewniony nam przez Stwórcę zamienia się w anarchię – zamiast więc światła, ciepła w organizmie pojawia się zimno, wilgoć, bałagan, ciemność. Takie zaś warunki to wymarzone miejsce dla wszystkich chorób. Mnożą się więc wirusy, chorobotwórcze bakterie, grzyby i inne złośliwe mikroorganizmy. Do tego pojawiają się w organizmie złe soki życiowe, które mają skłonności do zagęszczania, zakwaszania, wapnienia. Złe soki czynią organizm niewydolnym, stąd też nie ma on siły do walki z chorobą – system odpornościowy słabnie, a gdy obrona słaba, wtedy wróg zajmuje bez żadnych przeszkód kolejne tereny. Choroby w takim organizmie mają praktycznie wszędzie wrota otwarte. Zazwyczaj są to ciężkie choroby, które niszczą poszczególne narządy, również stawy, mięśnie, kręgosłup, także system nerwowy. Do takich chorób zaliczymy wszelkiego typu nowotwory, stwardnienie rozsiane, chorobę Parkinsona, ciężkie choroby psychiczne, reumatoidalne zapalenie stawów, migrenę, dnę moczanową, zaniki mięśni, a także kamienie nerkowe i żółciowe.

Ciężkie choroby wymagają od nas wielkiego wysiłku i samozaparcia, bo będziemy po prostej drodze poruszali się wyjątkowo wolno. Odwrócić chore procesy w organizmie to trudna sztuka, jednak choć trudna i mozolna, to trzeba ją podjąć, wszak budowanie zdrowia jest naszym obowiązkiem. Tabletki ratują nam życie, niejednokrotnie przedłużają je, ale niestety nie mają takiej mocy, by organizm oczyścić, by przywrócić poszczególnym narządom moc do właściwej pracy. Dlatego niech chorzy nie tracą nadziei, niezależnie od tego, w jakim stanie ich organizm się znajduje, niech wszystko zaczną od początku – dokąd na polskim polu może urosnąć prawdziwe, zdrowe pożywienie, dokąd w promieniach słońca tańczą na łąkach zioła jest szansa, że organizm się odnowi, że ciepła, życiodajna krew popłynie po nim, dożywi wszystkie komórki, które powoli, ale systematycznie zaczną się odnawiać i zdrowie będzie powracało.

*tasznik*

## Maść z żółtego tulipana - guzki nowotworowe

- przeprowadzić kurację „Cztery kroki do zdrowia",
- zamiast zwykłej herbaty popijać herbatki ziołowe, jeśli organizm jest mocno wychłodzony polecam Herbatkę Mistrzowską na zmianę z Ambrozją Antyprzeziębieniową,
- leczniczo 3 - 4 szklanki Herbatki Królewskiej, pić ją należy zawsze ciepłą, najlepiej łykami,
- w codziennej diecie nie powinno zabraknąć zmielonych migdałów słodkich, wzmacniają system odpornościowy,
- polecam również migdały gorzkie, bowiem zawierają wit. B 17, która niszczy komórki nowotworowe,
- taka sama witamina znajduje się również w kaszy jaglanej, w owocach czeremchy, w owocach bzu czarnego, czarnej jagody, także w pokrzywie,
- spożywać 2 x dziennie 1 łyżeczkę zmielonych ziaren ostropestu - odnawia wątrobę, odtruwa ją,
- polecam maść z żółtego tulipana, działa, ale sama bez kuracji „Cztery kroki do zdrowia", cudu nie uczyni (pomaga w oczyszczeniu organizmu z komórek rakotwórczych).

### ✶ *Ta maść radzi sobie z guzkami nowotworowymi, warto ją poznać, warto ją mieć*

Maść z żółtego tulipana służyła chińskim żołnierzom do usuwania odłamków z rany i innych części metalowych tkwiących w ciele. Całkiem przypadkowo zauważono, że jest tak silna, że radzi sobie z niektórymi guzkami nowotworowymi. Jako cudowne lekarstwo na guzki przedostawała się z rąk do rąk, z kraju do kraju, z kontynentu na kontynent. Aż dotarła do Polski.

Uczyniła ona wiele dobrego dla ludzi, warto więc o niej wiedzieć, warto stosować, szczególnie zaś wtedy, gdy guzki są niezłośliwe – smarować je maścią, żeby nie czekać bezradnie aż staną się złośliwe. I ważne jest, że można to robić, będąc jednocześnie pod kontrolą lekarską.

Może również służyć tym, którzy chemioterapii z różnych powodów przyjmować nie mogą.

### ✶ *Maść z żółtego tulipana to również dobra profilaktyka dla kobiet*

Maść z żółtego tulipana to dobra profilaktyka dla kobiet – oprócz badania ręcznego piersi można posmarować je nieco maścią tulipanową. Jeśli piersi lub węzły chłonne pod pachami zaczną boleć, należy zgłosić się do lekarza. Jeśli nawet badania nie wykryją guzka, oczyścić organizm i smarować piersi maścią aż ból całkowicie zniknie.
W ten prosty sposób uda się nam zaskoczyć chorobę w momencie, gdy tylko nieśmiało zacznie badać grunt do wejścia.

Wiem, że są problemy ze zdobyciem tulipanów, bo kwitną tylko na wiosnę, ale można je wyhodować w doniczce we własnym

mieszkaniu. Z pewnością stare odmiany rosnące w babcinym ogródku są najlepsze, ale jeśli choroba zaskoczy znienacka, myślę, że nawet maść z tulipana wyhodowanego w domu z chorobą powalczy.
Proszę jednak na wiosnę, gdy zakwitną tulipany, wyjechać na wieś, zdobyć kilka żółtych tulipanów i przygotować z nich miazgę, zalać wódką i postawić w chłodnym miejscu. A w wolnej chwili można nazbierać kory z brzozy, spalić. Przygotować maść i mieć ją na wszelki wypadek.

✶ ***maść antynowotworowa z żółtego tulipana***

skład:

Cebulki (bez korzeni), liście, łodygi, kwiaty z 8 ekologicznych (!) żółtych tulipanów, 1 szklanka popiołu z kory brzozy, ½ szklanki wódki.

wykonanie:

Tulipany zemleć w maszynce do mielenia mięsa. Miazgę wsypać do litrowego słoika i wlać wódkę, dokładnie wymieszać. Korę brzozy oczyścić i spalić na popiół (popiół jest szary, drobny, sypki - czarny i twardy to węgiel drzewny). Do miazgi z tulipana dodać tyle popiołu, żeby uzyskać konsystencję maści. Trzymać w lodówce lub w piwnicy. Maść nie psuje się, może więc stać kilka lat.

zastosowanie:

Maścią należy smarować guzki nowotworowe. Szczególnie polecam ją przy guzkach znajdujących się tuż pod skórą, np. na piersi, ale są doniesienia, że działa też na guzki położone głębiej, np. mięśniaki.

***uwaga:***
*Maść brudzi, można więc posmarowane miejsce zabezpieczyć gazą lub innym opatrunkiem higienicznym.*

## Eliksiry z żółtego tulipana wypraktykowane przez chorych

**✶ maść z żółtego tulipana na spirytusie**

<u>skład:</u>

8 łyżek maści antynowotworowej włożyć do słoika, wlać 1 ½ szklanki spirytusu 70%.

Aby uzyskać spirytus 70%, należy z ½ litra spirytusu odlać ½ szklanki i dopełnić butelkę zimną, przegotowaną wodą.

<u>wykonanie:</u>

Zakręcić słoik, najlepiej postawić na słonecznym balkonie. Taki eliksir może stać na słońcu całe lato. Promienie słoneczne to najsilniejsza energia świata. Siła tulipana i popiołu z kory brzozy zostanie dodatkowo wzmocniona mocą słońca.

<u>zastosowanie:</u>

Nalewki nie przecedzać, delikatnie smarować nią wszelkiego typu guzki. Przed smarowaniem chore miejsce można posmarować maścią nagietkową lub olejem żywokostowym, by spirytus zbyt mocno nie wysuszył skóry. Spirytusem tulipanowym można smarować bolący kręgosłup, staw biodrowy czy bark, przynosi szybką ulgę w cierpieniu.

Niektórzy chorzy twierdzą, że nalewka ta jest silniejsza w działaniu od maści tulipanowej.

### * maść z żółtego tulipana na oleju żywokostowym

skład:

1 szklanka oleju żywokostowego, 5 łyżek maści tulipanowej.

wykonanie:

Do oleju żywokostowego dodać maść tulipanową – dokładnie wymieszać. Najlepiej postawić eliksir na słonecznym balkonie. Gdy olej wysmarujemy, można jeszcze raz do słoika z maścią tulipanową wlać olej żywokostowy. Tę samą maść można zalewać olejem kilka razy.

zastosowanie:

Smarować olejem tulipanowym większe miejsca, np. brzuch po operacji ginekologicznej, kręgosłup od dołu do góry, który jest niszczony przez nowotwór, szyję przy nowotworze krtani czy tarczycy. Jest również pomocny przy trudno gojących się ranach. Ranę można przemywać mocnym wywarem z kwiatów krwawnika, a wokół rany smarować olejem.

***uwaga:***

*Często Państwo pytacie czy maść z żółtego tulipana jest trująca. Holendrzy w czasach głodu żuli cebulki żółtego tulipana, by zaspokoić głód. Natomiast popiół z kory brzozy jest naturalnym lekarstwem w chorobach układu pokarmowego – teraz używa się go rzadko, ale kiedyś medycy wysoko cenili jego wartości lecznicze. Maść więc składająca się z tych dwóch składników trucizną nie jest, aczkolwiek stosowana jest raczej zewnętrznie.*

## Herbatki, winka, syropki pomocne w leczeniu raka, również stosowane jako osłona w trakcie chemioterapii i radioterapii

Nowotwór, a także skomplikowane jego leczenie niszczy cały organizm, również szpik kostny i krew – warto więc w trakcie kuracji stosować skuteczną ziołową osłonę przed kompletnym wyniszczeniem organizmu.

***uwaga:***
*Wszystkie herbatki ziołowe należy popijać ciepłe. To bardzo ważne, wszak żołądek musi podgrzać chłodny płyn do odpowiedniej temperatury. Użyje energii, której i tak ma niewiele.*

**✶ woda – osłabia organizm**

Popijanie zaś w czasie chemioterapii mineralnej wody to wielkie nieporozumienie. Woda osłabia, nawet zdrowi ludzie, jeśli piją ją w nadmiarze, wcześniej czy później mają problemy zdrowotne. Natomiast człowiek schorowany, w czasie wyniszczającej chemioterapii czy radioterapii nie powinien dodatkowo wodą osłabiać organizmu, a tym samym wychładzać nerek, wątroby, żołądka. Woda zabierze ostatek energii choremu organizmowi, stąd powrót do zdrowia będzie się wydłużał, a niekiedy po prostu stanie się niemożliwy.
Zamiast wody polecam ekologiczne herbatki ziołowe, które nie tylko oczyszczają organizm, ale także go wzmacniają i odnawiają.

***uwaga:***
*Niektórzy chorzy popijają wodę uzdrawiającą, przywiezioną z miejsc świętych. Nie jestem przeciwna, wszak różnymi drogami*

*nasz Pan prowadzi chorych do zdrowia. Woda jednak powinna być lekko podgrzana i nie pijemy jej, tylko przeżuwamy jak najcenniejszy pokarm. Podczas dokładnego przeżuwania połączy się z odpowiednimi enzymami, stąd będzie szybciej rozpoznana przez osłabiony organizm. I stanie się jego przyjacielem – uzdrowicielem. Zimna woda, nawet uzdrawiająca u osoby osłabionej ciężką chorobą, może być źle przyjęta przez organizm, a wtedy stan zdrowia jeszcze się pogorszy. Trzeba więc wychodzić Bogu naprzeciw i mądrze sięgać po Jego hojne dary.*

### ✶ Herbatka Królewska Dar dla zdrowia – ratunek dla organizmu przy wyniszczających chorobach

Herbatkę z tych ziół mogą popijać chorzy przy każdym nowotworze – oczyszcza organizm, odżywia, odbudowuje szpik kostny, rozprawia się z wirusami i chorobotwórczymi bakteriami. Mogą popijać ją chorzy przy każdym nowotworze, chorzy czekający na operację, żeby przygotować organizm do wysiłku, jaki go czeka. Wręcz niezastąpiona jest po chemioterapii i radioterapii, by odnowić organizm. Warto popijać ją zapobiegawczo, czyli 2 –3 razy w roku przez miesiąc, by wzmocnić system odpornościowy, by organizm pracował prawidłowo.

<u>skład:</u>

| | |
|---|---|
| kwiat krwawnika | 35 g |
| kwiat nagietka | 35 g |
| liść pokrzywy | 35 g |
| liść babki lancetowatej | 35 g |
| ziele mniszka lekarskiego | 35 g |

Gotowa Herbatka Królewska dostępna także w sklepach zielarskich i na *www.sklepzziolami.pl*

wykonanie:

Zioła wymieszać, 5 łyżek wsypać do garnka, wlać 2 szklanki wody, zagotować, a następnie pod przykryciem zaparzać 15 minut. Przecedzić.

zastosowanie:

Wywar ten należy potraktować jako koncentrat ziołowy.
Wlać więc do szklanki nieco koncentratu i dopełnić gorącą wodą.
Herbatkę popijać przez cały dzień zamiast zwykłej herbaty.
Zapobiega wyniszczeniu organizmu – krwawnik odbudowuje szpik kostny, tym samym odnawia strukturę krwi, pokrzywa wzmacnia krew, liść babki lancetowatej i ziele mniszka lekarskiego skutecznie wzmacniają system odpornościowy, a nagietek to polska penicylina, leczy więc stany zapalne, tym samym gasi ogniska chorobowe. W dawnych wiekach medycy pisali, że nagietek najskuteczniej usuwa z organizmu wszelaką truciznę. Poza tym posiada silną, zrównoważoną energię słońca i ziemi, szybko więc uzupełni ubytki energetyczne, które powstały na wskutek silnego, chemicznego leczenia.

***uwaga:***

*Często chorzy pytają, ile koncentratu wlać do szklanki? Zależy od organizmu, silniejszy wypije mocniejszą herbatkę, słabszy będzie popijał delikatniejszą. Herbatka Królewska szybciej będzie przez słaby organizm przyjęta, gdy do niej dodamy leczniczego winka lub syropku. Polecam winko św. Hildegardy (przepis s. 109), winko daktylowe (przepis s. 108), miód pokrzywowy (przepis s. 110) czy syrop z czerwonych buraczków (przepis s. 107). Dlaczego słodka herbatka będzie lepiej przyjęta przez organizm? Mój ojciec, który kochał zioła, wszelkie kropelki ziołowe dla poratowania zdrowia polecał podawać na cukrze. Kiedyś zwróciłam mu uwagę, że kropelki powinno się rozcieńczać wodą, wszak cukier to biała trucizna. Może i trucizna odpowiedział, ale jest to szybka energia dla żołądka.*

*Zrozumiałam to dopiero po kilku latach. Byłam bezradna, gdy wyniszczony organizm młodego człowieka nijak nie mógł przyjąć moich herbatek ziołowych. A one były już ostatnią nadzieją na powrót do zdrowia, wszak medycyna konwencjonalna wykorzystała wszystkie swoje możliwości. Wtedy przypomniałam sobie „krople na cukrze mojego ojca". Dlaczego nie - pomyślałam, warto spróbować. Do ziołowej herbatki chory dodawał najpierw syrop z nagietka, a później winko św. Hildegardy. I udało się. Słabiutki żołądek otrzymał energię ze słodkiego syropu i zaczął przyjmować zioła. Zarówno syrop nagietkowy, jak i winko świętej Hildegardy są wykonane na miodzie. Miód w tych miksturach jest gotowany - tylko w ten sposób można pozbawić go śluzu, który dla chorego organizmu jest niebezpieczny.*

W Polsce jest wiele jeszcze czystych miejsc, gdzie rośnie pokrzywa i krwawnik. Warto nazbierać tych uzdrowicieli ludzkich ciał i dusz. Zioła dziko rosnące są silniejsze w działaniu i oczywiście pielęgnowane przez Matkę Naturę, a nie przez człowieka, a to jest wielka różnica.

Na niegojące się rany, a także trudno gojące się rany operacyjne należy robić okłady z mocnego wywaru z krwawnika.
Wywary ze świeżego krwawnika działają jeszcze skuteczniej.

Krwawnik potrafi rozprawić się nawet z zarazkami, z którymi nie radzą sobie najsilniejsze antybiotyki. Nie załamywać więc rąk, bo miłosierny nasz Ojciec na każdą chorobę zioło odpowiednie nam podarował.

### ✶ Herbatka Mistrzowska - perfekcyjnie buduje zdrowie

Jeśli organizm jest mocno wycieńczony i nie będzie w stanie przyjąć nawet bardzo rozcieńczonej Herbatki Królewskiej, proszę wtedy popijać Herbatkę Mistrzowską.

skład:

| | |
|---|---|
| ziele majeranku | 35 g |
| owoc anyżku | 35 g |
| owoc kminku | 35 g |
| owoc głogu | 35 g |
| kwiat dziewanny | 35 g |

Gotowa Herbatka Mistrzowska dostępna także w sklepach ziołowych i na *www.sklepzziolami.pl*

wykonanie:

Zioła wymieszać, 1 łyżkę zalać szklanką wrzącej wody, zaparzyć, przecedzić, pić herbatkę ciepłą. Można również przygotować w sposób niezwykle prosty koncentrat, który wystarczy nam na cały dzień. Rano 4 – 5 łyżek ziół wsypać do czajniczka z sitkiem i zalać wrzącą wodą. Kilka minut zaparzyć, a następnie nieco uzyskanego koncentratu wlać do szklanki i dopełnić gorącą wodą.

zastosowanie:

Herbatkę Mistrzowską pić zamiast zwykłej herbaty – perfekcyjnie działa na cały organizm, bowiem skutecznie go rozgrzewa, a tym samym dodaje mu siły i energii do życia.

**✶ Ambrozja Antyprzeziębieniowa – rozgrzewa i wzmacnia**

skład:

| | |
|---|---|
| kwiat lipy | 35 g |
| kwiat bzu czarnego | 35 g |
| owoc jarzębiny | 35 g |
| ziele macierzanki | 35 g |
| ziele cząbru | 35 g |

Gotowa Ambrozja Antyprzeziębieniowa dostępna także w sklepach ziołowych i na *www.sklepzziolami.pl*

wykonanie:

Zioła wymieszać, 1 łyżkę wsypać do szklanki, zalać wrzącą wodą. Pod przykryciem zaparzać 15 minut, przecedzić.

zastosowanie:

Herbatkę pić ciepłą zamiast zwykłej herbaty. Wzmacnia i rozgrzewa osłabiony chorobą organizm.

**✶ Herbatka Hetmańska – problemy układu oddechowego**

skład:

| | |
|---|---|
| liść ślazu | 40 g |
| kwiat rumianku | 10 g |
| ziele majeranku | 20 g |
| liść babki lancetowatej | 20 g |
| nasiona kozieradki | 10 g |

Gotowa Herbatka Hetmańska dostępna także w sklepach ziołowych i na *www.sklepzziolami.pl*

wykonanie:

Zioła wymieszać, 1 łyżkę wsypać do szklanki, zalać wrzącą wodą. Pod przykryciem zaparzać 15 minut, przecedzić.

zastosowanie:

Herbatkę pić ciepłą zamiast zwykłej herbaty, leczy nadwerężone struny głosowe, chrypkę, jest pomocna przy anginie czy trudnym do wyleczenia kaszlu, wszak regeneruje drogi oddechowe, przyspiesza usuwanie nagromadzonego tam chorobotwórczego śluzu, nawilża wysuszoną śluzówkę. Wzmacnia też system odpornościowy, dzięki czemu skutecznie rozprawi się z chorobotwórczymi bakteriami i wirusami.

### ✶ Herbatka Ziemiańska – oczyszczająca

skład:

| | |
|---|---|
| liść poziomki | 35 g |
| liść jeżyny | 35 g |
| liść czarnej porzeczki | 35 g |
| owoc jarzębiny | 35 g |
| kwiat głogu | 35 g |

Gotowa Herbatka Ziemiańska dostępna także w sklepach ziołowych i na *www.sklepzziolami.pl*

wykonanie:

Zioła wymieszać, 1 łyżkę zalać 1 szklanką wrzącej wody, zaparzyć 15 minut, przecedzić.

zastosowanie:

Herbatkę popijać ciepłą w ciągu dnia zamiast zwykłej herbaty. Przede wszystkim dba ona o właściwą pracę żołądka, wątroby, likwiduje też stany zapalne jelit. Ale nie tylko, pomaga również chorym na wieńcówkę, miażdżycę, nadciśnienie czy żylaki, wszak liście porzeczki czarnej, liście poziomki, owoce jarzębiny skutecznie oczyszczają krew i naczynia krwionośne. Zdrowa więc krew radośniej popłynie także w naczyniach mózgowych, dzięki czemu poprawi się koncentracja, pamięć, ustąpi zmęczenie i powróci radość życia.

### ✶ Herbatka Magnacka – uspakajająca

skład:

| | |
|---|---|
| owoc głogu | 35 g |
| liść melisy | 35 g |
| ziele dziurawca | 35 g |
| kwiat nawłoci | 35 g |
| kwiat rumianku | 35 g |

Gotowa Herbatka Magnacka dostępna także w sklepach ziołowych i na *www.sklepzziolami.pl*

wykonanie:
Zioła wymieszać, 1 łyżkę zalać 1 szklanką wrzącej wody, zaparzyć 15 minut, przecedzić.

zastosowanie:
Herbatkę popijać ciepłą w ciągu dnia, dzielnie walczy ze stresem. Zioła wchodzące w jej skład są pogromcami czarnych myśli, a jednocześnie niezawodnymi opiekunami pełnymi radości i ciepła. Dzięki nim umysł jest rozświetlony, serce mocne, zdrowa zaś krew ożywia ducha, a także wzmacnia ciało. Nic więc dziwnego, że herbatka ta przywraca równowagę nawet po ciężkich przeżyciach, przynosi ukojenie, otacza serdecznością, przekazuje wiarę we własne siły i możliwości.

### ✶ syrop z buraczków czerwonych

Nowotwór, a także skomplikowane jego leczenie niszczy cały organizm, również krew – warto więc w trakcie kuracji na wzmocnienie i odnowienie krwi stosować syrop z buraczków czerwonych i winko daktylowe.

skład:

2 kg czerwonych buraczków, 5 litrów wody, miód.

wykonanie:

Buraczki starannie umyć, włożyć do garnka, wlać wodę, gotować 1 godzinę. Następnie wyjąć je z wywaru, obrać i utrzeć na grubej tarce. Wsypać do wywaru, zagotować i na małym ogniu gotować jeszcze około ½ godziny. Gdy wystygnie, przetrzeć przez sitko. Do 2 litrów wywaru, dodać 1 litr miodu. Zagotować, a następnie na małym ogniu ogrzewać około 5 minut. Przelać gorące do słoików, zawekować – najlepiej gorące wstawić pod koc.

zastosowanie:

Pić kilka razy dziennie po 2 łyżki – można dodawać do herbatki ziołowej jak sok. Wzmacnia i oczyszcza organizm, a jednocześnie odkwasza go, odnawiając soki życiowe.

***uwaga:***

*Ciężko chorym często podaje się sok z tego wartościowego buraka. Taki sok zawiera sporo składników leczniczych, ale dla chorego organizmu jest zbyt ciężkostrawny i nijak nie poradzi sobie z jego przetworzeniem. A czego organizm nie przyjmie, to odłoży, tworząc chorobę. Dlatego należy odróżnić pożywienie zdrowe dla zdrowego człowieka od pożywienia zdrowego dla organizmu chorego czy wręcz wyniszczonego chorobą. Surowy sok z buraczka będzie więc bardzo dobry dla zdrowego, silnego człowieka, a choremu zaś należy przygotować drogocenny syrop.*

### ✶ winko daktylowe, czyli duchowa strawa dla ciała

skład:

20 daktyli, garść rodzynek, 4 łyżki liści pokrzywy, 4 łyżki owoców głogu, 4 łyżki owoców dzikiej róży, 2 butelki wina czerwonego, gronowego, wytrawnego, ½ l miodu.

wykonanie:

Daktyle drobno pokrojone, rodzynki i zioła wsypać do słoja, zalać winem. Postawić na słońcu . Po 10 dniach przelać całość do garnka. Zagotować, a następnie na małym ogniu ogrzewać około 10 minut. Przecedzić. Do wywaru dodać płynny miód, starannie wymieszać. Zagotować, gorące rozlać do butelek.

zastosowanie:

Pić 5 – 6 łyżek dziennie, można dodać jak sok do herbatki ziołowej. Jest duchową strawą dla ciała. Odżywia wyniszczony chorobą organizm. Wzmacnia i odnawia krew. Pomaga przy chronicznym zmęczeniu, również przy depresji.

***uwaga:***

*Winko można przygotować o każdej porze roku, ale letnie jest najskuteczniejsze. Mocniejsze w działaniu będą świeże zioła, a poza tym winko wystawione na letnie słońce, otrzymuje słoneczną energię - najsilniejszą energię świata. Energia więc słońca w połączeniu z mocą daktyli i mocą polskich ziół, to prawdziwa odżywka i dla ducha, i dla ciała.*

**✶ winko św. Hildegardy - odnawia organizm**

skład:

Garść natki pietruszki, 4 łyżki owoców głogu, 2 butelki wina białego, gronowego, wytrawnego, ½ litra miodu, 5 łyżek octu jabłkowego, najlepiej własnej produkcji lub 2 łyżki soku z cytryny, 1 pokruszoną laseczkę cynamonu, ½ łyżeczki kardamonu, 2 - 3 goździki.

wykonanie:

Natkę pietruszki dokładnie umyć i wrzucić do garnka, wsypać głóg, cynamon, kardamon i goździki, wlać wino. Zagotować, a później na małym ogniu ogrzewać około 15 minut. Naciągać pod przykryciem ½ godziny. Przecedzić, dodać ocet jabłkowy lub sok z cytryny, ½ litra miodu. Zagotować i na małym ogniu ogrzewać 5 minut. Gorące rozlać do butelek.

zastosowanie:

Można popijać 3 – 4 razy dziennie po 2 łyżki. Wydaje mi się, że skuteczniej podziała, gdy wlejemy winko do ciepłej herbatki ziołowej, np. Mistrzowskiej.

Winko odnawia organizm, ponieważ ma moc pietruszki, która przeprowadza organizm od choroby do zdrowia, ma też ciepło cynamonu, kardamonu, głogu, które rozprasza wilgoć w organizmie, a przede wszystkim cenione jest za zdrową energię doskonale dobranych ziół, dzięki której nawet ciężko chorzy odzyskują siłę do życia.

### ✶ miód pokrzywowy – lek dla krwi

skład:

Młoda pokrzywa, miód.

wykonanie:

Pokrzywę umyć, osączyć, zrobić sok w sokowirówce. 1 szklankę soku i 3 szklanki miodu wlać do garnka, dokładnie wymieszać. Miód pokrzywowy wlać do słoików, zakręcić. Postawić w piwnicy lub w lodówce.

zastosowanie:

2 – 3 łyżki miodu pokrzywowego dodać do Herbatki Królewskiej, można kilka razy dziennie między posiłkami.

***uwaga:***

*Pokrzywa jest niezwykłym darem od natury - działa krwiotwórczo, zwiększa poziom hemoglobiny i ilość czerwonych ciałek krwi. Szczególnie chorzy leczeni najbardziej agresywnymi metodami, czyli chemioterapią, radioterapią niech nie zapominają, że Bóg jest z nimi, wszak przekazał im dla zdrowia pokrzywę - matkę ziół. Tak, tak, pokrzywa to matka, może nieurodziwa, wszak przypomina wiejską kobiecinę, z chustką zawiązaną pod brodą, której ręce są zniszczone, szorstkie od czarnej ziemi, ale oczy pełne radości, a serce pełne miłości aż podskakuje, by spieszyć z pomocą tym, którzy niejednokrotnie upadli już pod krzyżem własnych cierpień. Nie upadajcie, jej serce dla nas wszystkich wciąż bije.*

## ✶ mikstura z jajek – najdoskonalszy wapń z natury

Mikstura z jajek jest doskonałym środkiem leczniczym przy chorobach kręgosłupa, stawów, warto ją przyjmować przy osteoporozie, słabych zębach, przy wszelkich złamaniach, a także podczas chemioterapii i radioterapii.

skład:

10 wiejskich jajek o jasnych skorupkach, 1 litr miodu, sok z 3 kg cytryn, 1 butelka koniaku.

wykonanie:

Jaja dokładnie wyszorować pod bieżącą wodą, można sparzyć wrzątkiem. Włożyć do szklanego słoja i zalać sokiem cytrynowym. Słój przykryć ściereczką i wstawić do lodówki.

Po tygodniu całość przetrzeć przez sito (na sicie winny pozostać tylko błonki z jajek). Do otrzymanej masy wlać butelkę koniaku, w którym wcześniej należy rozpuścić miód. Wszystko dobrze wymieszać, rozlać do butelek i wstawić do lodówki.

zastosowanie:

Przed użyciem wstrząsnąć, pić 2 – 3 x dziennie 1 łyżkę między posiłkami. Dzieci 3 x 1 łyżeczkę. Najlepiej rozcieńczyć miksturę ciepłą wodą lub herbatką ziołową. Działa doskonale – po prostu naturalny, dobrze przyswajalny wapń.

### ✶ okłady na guzki

Żeby wspomóc działanie herbatek ziołowych, warto dodatkowo robić ciepłe okłady na chore miejsca. Szczególnie tam są pomocne, gdzie guzek znajduje się płytko, pod skórą.

okłady ze skrzypu – guzki na piersi, a także inne rodzaje guzków

okłady z przytulii – guzki na tarczycy, rakowate choroby skóry

okłady z koniczyny czerwonej – powiększone węzły chłonne

Do okładów potrzebny jest mocny wywar: 2 łyżki ziół zalać 1 szklanką wody, zagotować, a następnie na małym ogniu podgotować około 2 – 3 minuty. Przecedzić, zrobić ciepły okład, najlepiej zakręcić ciepłym szalem.

***uwaga:***

*Więcej informacji na temat nowotworów można przeczytać w moich książkach: „Pospolite ruszenie przeciw nowotworom", „Budować zdrowie" oraz „Drogowskazy zdrowia".*

## Uzdrowiony dzięki czterem krokom

Wiele lat temu po wykładzie podszedł do mnie bardzo wyniszczony mężczyzna w średnim wieku. Błagał o pomoc. Miał niezwykle agresywnego raka trzustki, który niestety zdążył już zaatakować wątrobę, płuca, a także węzły chłonne. Tradycyjne metody leczenia zalecone przez lekarza onkologa dawały niewielką szansę uratowania życia. Szukał więc ratunku u innych specjalistów. Jeden z nich polecił mu kurację świeżym sokiem ze zdrowej marchewki. Niestety mocno osłabiony organizm nie przyjmował soku. Poleciłam mu więc energetyczny rosół z dużą ilością gotowanej marchwi - zmiksowana zupka marchewkowa, do której pod koniec gotowania dodawał 1 szklankę wywaru z pokrzywy, nagietka i krwawnika. Zupka była i smaczna, i pożywna. Spożywał ją przez ½ roku. Po tej kuracji badania nie potwierdziły raka. Z chorobą wygrał, jednak trzeba było wiele czasu, by organizm mądrze poprowadzić do zdrowia. Półroczna, jednostronna kuracja spowodowała, że wątroba produkowała enzymy potrzebne do przyswojenia tylko tego prostego pożywienia. Powoli więc uzdrowiony wprowadzał do jadłospisu zdrowe i delikatne pożywienie, by wątroba podjęła właściwą pracę. I życzliwe, słoneczne herbatki ziołowe, i prawdziwe pożywienie systematyczne budowały zdrowie. Minęło wiele lat, rak nie zaatakował, ale do tej pory uzdrowiony stosuje zasadę czterech kroków. Zupka zaś marchewkowa zasmakowała całej rodzinie.

Chory, który cierpi na tak straszną chorobę jak nowotwór, winien być pod opieką lekarza. Ale lekarz to nie Bóg, nie ostateczna wyrocznia ani cudotwórca. Raczej winien być mądrym doradcą niż osobą wszechwiedzącą, bo przy tej chorobie trudno być mędrcem. My zaś sami najlepiej musimy wiedzieć, jak silny jest nasz organizm i czy zapisaną kurację udźwignie. A chemioterapia czy radioterapia to wyjątkowo twarde metody leczenia, po walce zostawiają ogólne spustoszenie, niejednokrotnie tak wielkie, że organizm umiera nie z powodu nowotworu, tylko z powodu wyniszczającej walki z nim.

## Prostą drogą do zdrowia

Nowotwór to straszna choroba. Za wcześnie przychodzi śmierć, agresywnie przerywa życie. Ciało nie jest jeszcze przygotowane na spotkanie z nią, bo normalnie dorasta się do odchodzenia, jest to proces ewolucyjny. Natomiast przy nowotworze wszystko dzieje się gwałtownie. Okrutnie więc męczy się nie tylko niszczone przez chorobę ciało, ale niejednokrotnie nie mniejsze męki przechodzi również nasz duch. Umysł zaś u jednych wpada w przerażenie, a u innych całkowicie kapituluje. Nie jest więc proste zapanować nad umysłem, który otrzymuje chore sygnały od ciała i ducha, ale możliwe. Należy skierować jego uwagę na zdrowe obszary życia. Jeden pan przeżył niezwykle skomplikowaną kurację chemioterapią tylko dlatego, że nad życie kochał swoją pięcioletnią córeczkę. W wyobraźni ganiał z nią po łąkach, w wyobraźni budował dla niej dom, prowadził do ołtarza. Wytrwał, przeszedł swoją Golgotę, wyszedł odmieniony, z innym pomysłem na dalsze życie.

Gdy piszę tę książkę, o życie walczy młoda kobieta – córka moich znajomych. Rak zaatakował nagle, okropny ból kręgosłupa nie pozwolił wstać jej z łóżka. Gdy odjeżdżała do szpitala, była spokojna. Oddała swoje życie w całkowitą opiekę Matce Bożej, zaufała Jej, wszak tylko ta, która wie wszystko i widzi daleko, może poprowadzić ją do zdrowia najbardziej bezpieczną i pewną drogą. W warszawskim szpitalu przyjmuje chemioterapię, ale oprócz tej agresywnej metody, wróciła całkowicie do natury.

W tej chwili jest na 2 kroku kuracji, czyli zagłodzenie choroby. Spożywa więc rosół z kaszą jaglaną kilka razy dziennie, na śniadanie wypija napój poranny. Zamiast zwykłej herbaty popija Herbatkę Mistrzowską i Ambrozję Antyprzeziębieniową, ale przede wszystkim stara się jak najwięcej wypić Herbatki Królewskiej, która jest niezwykle skuteczną osłoną w czasie chemioterapii czy radioterapii. Do ziołowych herbatek dodaje winko św. Hildegardy (przepis s. 109), które odnawia organizm, syrop z czerwonych buraczków (przepis s. 107), który dba o jakość krwi, a także winko daktylowe Nostradamusa „Duchowa pożywka dla ciała" (przepis s. 108), by wzmacniać i ciało, i ducha. Prowadzona przez Niebiańską Mateczkę pokornie wykonuje Boży plan działania i nie uskarża się na proste jedzenie ani ziołowe herbatki, wręcz przeciwnie jest szczęśliwa, że w takim Bożym planie może uczestniczyć. Przed nią jeszcze długa droga, ale ufam, że połączone siły medycyny oficjalnej i leki Natury, a także opieka Matki Niebieskiej doprowadzą jej organizm do zdrowia.

Tak było w przypadku maleńkiej Zosi. Miała zaledwie 2 latka, niestety szczegółowe badania stwierdziły u niej 11 centymetrowego nowotwora w jamie brzusznej z przerzutem na inne narządy, między innymi kręgosłup i prawą nóżkę. Lekarze przepisali chemioterapię, jednak nie ukrywali, że szansa na uratowanie drobinki jest niewielka. Po kolejnej chemii dziewczynka odchodziła, spadła niebezpiecznie hemoglobina. I wtedy ciocia maleńkiej Zosi zadzwoniła do mnie, błagając o pomoc. Poleciłam jak zwykłe w takich przypadkach energetyczny rosół, syrop z czerwonego buraczka, do popijania Herbatkę Mistrzowską, a także kilka łyżeczek dziennie cudownego winka św. Hildegardy. Obowiązkowo kąpiele w macierzance, a po kąpieli smarowanie całego ciałka olejem żywokostowym. I bezgranicznie wierzyłam w to, że prosta droga, którą wytyczyłam Zosi, doprowadzi ją do zdrowia. Jaką radość przyniósł mi list od jej cioci przed świętami Bożego Narodzenia. Proszę sobie wyobrazić – donosiła, że nowotwór matka stał się nieaktywny, a wszystkie przerzuty oderwały się od narządów. Lekarze nie mogą wyjść z podziwu, że Zosia po siedmiu chemiach ma wręcz doskonałe wyniki krwi, jest silna i pełna energii.

Jeśli decydujemy się więc na chemioterapię, musimy jednocześnie z wiarą i ufnością realizować Boży plan działania, który jest prosty, wszak proste jest pożywienie, które Bóg stworzył, by zapewnić człowiekowi zdrowie i siłę do życia.

Często jednak słyszę od chorych, że podczas leczenia onkologicznego lekarze zabraniają popijania herbatek ziołowych, gdyż zamazują im obraz choroby. Nie pozwólmy odebrać sobie ziół. Zioła, które pochodzą od Stwórcy, należy traktować jak najdoskonalsze pożywienie dla naszego ciała, bez konserwantów, bez polepszaczy, bez żadnej ingerencji człowieka. Dzielnie walczą w przyrodzie o przeżycie, w dzień delikatne główki przechylają do słońca, by uzyskać wszechdoskonałą energię do życia, rankiem sycą się najczystszą rosą, wrastają korzeniami w ziemię, by z niej uzyskać najcenniejsze pożywienie. Ileż one muszą pracy włożyć, by przeżyć, nic więc dziwnego, że ich systemy odpornościowe są silne, w przeciwieństwie do roślin hodowlanych, gdzie często byle robak je zniszczy. Zioła nie są chronione chemicznie przed inwazją pasożytów, a rosną, kwitną i cieszą się, że mogą Bogu i człowiekowi służyć. I jakże to, takim darem gardzić, jak tyle chorób wkoło.

Powinni więc wstydzić się ci, którzy pragną ośmieszyć, wydrwić i w konsekwencji zniszczyć Bożą doskonałość.

*Nie jestem przeciwna tabletkom, ale jestem przeciwna, by one i tylko one miały dbać o nasze zdrowie. Mądrość podpowiada, że trzeba łączyć nie dzielić. Tabletka ratuje życie człowiekowi, a zioła i prawdziwe pożywienie buduje zdrowie. I taka powinna być mądrość nowoczesnego człowieka.*

## Zioła nie szkodzą

Pewna pani przynosiła córce do szpitala energetyczne pożywienie i herbatki ziołowe, by tymi Bożymi darami obronić organizm przed kompletnym wyniszczeniem chemioterapią. W tej samej sali leżały jeszcze 2 inne chore. Jedna z nich, otrzymując chemioterapię, popijała zgodnie z zaleceniem lekarza tylko wodę z butelki. Po kilku dniach silnej kuracji chora umierała. Zbyt słaby był organizm, żeby przetrzymać tak silne leczenie bez żadnej osłony ze strony ziół i energetycznego pożywienia. Druga chora, kobieta wykształcona, zainteresowała się moim programem zdrowotnym. Zaczęła spożywać energetyczny rosół, popijała Herbatkę Królewską i winko św. Hildegardy (przepis s. 109). Za dwa dni podwyższyła się jej temperatura. Doszła więc do wniosku, że zdrowe jedzenie i zioła jej szkodzą, więc zrezygnowała z przyjaznego budowania zdrowia. Nie mogłam w to uwierzyć, że tak szybko można oskarżyć zioła. Ta pani nie wyprodukowała sobie ciężkiej choroby, popijając herbatki ziołowe i spożywając prawdziwe, Boże pożywienie. Do szpitala zgłosiła z ciężką chorobą, organizm poddany został strasznie wyniszczającej kuracji, nic więc dziwnego, że temperatura mogła się podwyższyć. Zioła tak szybko nie działają, by od razu pomóc czy zaszkodzić. One działają powoli, wszak budowanie zdrowia to proces. Codziennie, systematycznie dostarczają wyniszczonemu organizmowi składników do regeneracji, dostarczają życiodajnej energii. Nie szkodzą, bo ich soki życiowe łudząco przypominają naszą krew. Może się czasem zdarzyć, że po wypiciu herbatki ziołowej czujemy się źle. To też wcale nie oznacza, że zioła zaszkodziły. Nowoczesny człowiek, który daleko odszedł od natury, albo nie ma potrzebnych enzymów do przyjęcia naturalnego pożywienia, albo organizm jest niezwykle słaby, a naturalne pożywienie zbyt mocne. Należy w takim przypadku podawać rozcieńczone herbatki ziołowe lub herbatki ze słabszych ziół. Ale w żadnym wypadku nie rezygnować z skarbów natury. Błędne jest myślenie, że zioła i zdrowe pożywienie szkodzi, a cywilizacyjna papka z polepszaczami i konserwantami to życzliwi dobrodzieje, jedyni i niezawodni obrońcy naszego zdrowia. Nasze ciało pochodzi z tej ziemi i prawom tej ziemi podlega.

*Biblijny Dawid wygrał pojedynek z Goliatem, bo był mocny duchem, mocny inteligencją i jednocześnie mocno pokorny wobec Boga, który wie najlepiej, jaką drogą poprowadzić swoje dziecko do zwycięstwa. Jednak problem nowoczesnego człowieka jest taki, że wątpi w moc swego Ojca Niebieskiego, a bezgranicznie ufa cywilizacji. I trwamy przy cywilizacyjnych wynalazkach nawet wtedy, gdy już sił nam braknie do życia i nawet wtedy, gdy na kolanach błagamy Boga o uzdrowienie. A gdy ono nie nadchodzi, pytamy dlaczego nas opuścił.*
*To nie Bóg nas opuścił, tylko my opuściliśmy Boga, dlatego trzeba powrócić do Jego prostego świata i żyć pokornie według Jego praw. A wtedy powoli będzie odnawiało się i ciało, i umęczona dusza.*

## Mikstury prosto z natury odnowiły krew – szpik kostny podjął pracę

U młodej kobiety ciężkie leczenie onkologiczne wyniszczyło szpik kostny, dlatego krew z dnia na dzień była słabsza. Lekarze zaproponowali transfuzję krwi, jednak chora nie wyraziła zgody, nie ze względów religijnych, tylko ze względu na zdrowie, wszak gdzieś w mądrych opracowaniach medycznych przeczytała, że chorzy na nowotwory po transfuzji krwi mają mniejszą szansę na wygranie boju z chorobą. Sięgnęła więc po skarby natury – między innymi popijała miód z pokrzywy (przepis s. 110), winko daktylowe (przepis s. 108), Herbatkę Królewską, a jednocześnie cały czas przestrzegała kuracji cztery kroki do zdrowia.

Udało się, szpik kostny podjął pracę, krew zaczęła powoli się naprawiać.

Czy transfuzja krwi odnowiłaby szpik kostny? – być może, z pewnością zależałoby to od ogólnej siły organizmu.

Gdy usłyszałam tę opowieść, przypomniałam sobie historię z moim krzaczkiem cytryny. Był niezwykle słaby, żółkły liście i opadały po tym, jak wydał 2 dorodne owoce. Wtedy zaczęłam podlewać go ziołami, które sama piłam. Aż trudno uwierzyć, ale zaledwie po 2 tygodniach mój krzaczek pięknie się zazielenił, a później z każdej strony wypuścił śnieżnobiałe pąki kwiatów. Uratowany krzaczek cytryny uświadomił mi, jak wielka moc tkwi w ziołach, które są dziełem naszego Pana Najwyższego. I jak ta moc szybko i skutecznie działa.

## Nowotwór to książę ciemności

Nowotwór to krzyk organizmu, jego rozpacz, kompletne załamanie. Wcześniej niejednokrotnie dawał ostrzeżenia, jednak albo je ignorowaliśmy, albo naiwnie myśleliśmy, że kolejne tabletki jak zaczarowana różdżka rozprawią się z dolegliwościami. Niestety tak się nie stało, wszak tabletki w wielu przypadkach ratują życie, ale niestety zdrowia zbudować nie potrafią. Stąd nieco zaleczą skutek choroby, ale z jej przyczyną poradzić sobie nie potrafią. Choroba więc dalej buduje swoje królestwo. Na początku było tylko zanieczyszczenie organizmu, wystarczyło więc przeprowadzić jego oczyszczenie, następnie wzmocnić go energetycznym pożywieniem, sięgnąć po przyjazne i życiodajne herbatki ziołowe i zdrowie by powróciło. Gdy jednak tego nie uczynimy, wszystkie narządy zaczynają pracować coraz gorzej, stąd niebiański porządek zapewniony nam przez Stwórcę zamienia się w anarchię – zamiast więc światła, ciepła w organizmie pojawia się zimno, wilgoć, bałagan, ciemność. Takie zaś warunki to wymarzone miejsce dla wszystkich chorób. Mnożą się więc wirusy, chorobotwórcze bakterie, grzyby i inne złośliwe mikroorganizmy. Do tego pojawiają się w organizmie złe soki życiowe, które mają skłonności do zagęszczania, zakwaszania, wapnienia, oczywiście biorą się one z powodu niewłaściwej pracy poszczególnych narządów wewnętrznych. Złe soki czynią organizm niewydolnym, stąd też nie ma on siły do walki z chorobą – system odpornościowy słabnie, a gdy obrona słaba, wtedy wróg zajmuje bez żadnych przeszkód kolejne tereny. Nowotwór w takim organizmie ma praktycznie wszędzie wrota otwarte, stąd porusza się zwartym szykiem, wijąc na poszczególnych narządach swoje śmiercionośne gniazdka.

*Nowotwór to książę ciemności – w zanieczyszczonym, śluzotwórczym, rozregulowanym organizmie czuje się jak ryba w źródlanej wodzie. Nie znosi jasności, ciepła, porządku, przejrzystości, harmonii.*
*Niewłaściwe więc pożywienie, nieodpowiednie napoje będą dla niego wyborną pożywką, dlatego trzeba odciąć mu źródło utrzymania, zagłodzić go, pokrzyżować plany, udaremnić radosny pochód po organizmie.*

Nie jest to proste, wszak to stwór silny i inteligentny, ale jeśli dobrze się przygotujemy, zdamy najtrudniejszy egzamin. Niektórzy uważają, że lepiej o nowotworze nie myśleć. Myśleć nie musimy, jednak wiedzę na jego temat trzeba poznać. Inaczej zaskoczy nas, zaborczym charakterem ujarzmi i poprowadzi prostą drogą do kompletnego wyniszczenia i ciała, i ducha, i umysłu. Dlatego ci, którzy cierpią z powodu guzków nowotworowych, winni być pod troskliwą opieką nie tylko lekarza, ale również najbliższych. Często zdarza się bowiem, że chory umysł wydaje błędne pole-

cenia, jakby był na usługach choroby. Pewna pani opowiadała, że jej mąż w czasie tej ciężkiej choroby miał straszne zaparcia, więc chciała mu podać babkę płesznik, która doskonale radzi sobie z zaparciami. Nijak nie mogła go przekonać, choć wcześniej nieraz korzystał z usług tego dobrotliwego zioła. Inna pani w czasie choroby miała ogromny apetyt na kolorowe napoje i słodycze, organizm zaś buntował się przeciwko zdrowemu pożywieniu. Trzeba więc mądrze podpowiadać choremu i mimo sprzeciwu starać się podawać prawdziwe pożywienie, bo tylko takie może budować zdrowie, a tym samym skutecznie pokrzyżować plany nawet najstraszniejszej choroby.
Nowotwór to ciężka choroba, trzeba więc ogromnej dyscypliny, żeby powoli, ale systematycznie zdrowie zaczęło powracać. Chory nie może sobie pozwolić na żaden błąd, bo błąd to pogorszenie stanu zdrowia, dlatego kurację „Cztery kroki dla zdrowia" należy wykonać dokładnie.

*Statystyki podają, że z roku na rok rośnie liczba zachorowań na tę straszną chorobę. To brzmi fatalnie, ale patrząc na to, jakie pożywienie spożywamy, trudno się temu dziwić.*

Powrót więc do natury to nasz obowiązek. Szukać należy prawdziwego, zdrowego pożywienia, omijać zaś to, które zostało skażone chemią. Mój ojciec podczas II wojny światowej, uciekając zimą z Niemiec do Polski, żywił się tylko znalezionym na polu ziarnem zboża i uschniętymi ziołami. Po latach stwierdził, że to proste pożywienie najbardziej zbliżyło go do Boga. Im prostsze pożywienie znajdzie się na naszych stołach, tym bliżej będziemy Pana Najwyższego, który z miłości nas stworzył i z miłości obdarzył pożywieniem, które poprowadzi prostą drogą do zdrowia.

## Organizm nie mógł przyjąć chemioterapii

Nie jestem przeciwna ani tabletkom, ani chemioterapii, ani operacjom, które ratują życie człowiekowi. Jeśli choroba zagraża życiu, trzeba walczyć z nią mądrze na różnych frontach. Święty Ojciec Pio niejednokrotnie powtarzał, że lepiej wyciąć guzek, bo łatwiej będzie wtedy uzdrawiać. Przed laty nie mogłam pojąć tej mądrości Świętego. Myślałam, że taki mocny, więc z guzkiem powinien sobie poradzić. Z pewnością z guzkiem by sobie poradził, ale musiałby w tym celu zużyć dużo siły i czasu. Zdolny lekarz zaś uczyni to szybciej, a On mógł bez żadnych przeszkód skierować swą moc na oczyszczenie organizmu i jego regenerację, by guzek się nie odnawiał, by zlikwidować groźbę przerzutów.

Niestety Święty nie do każdego mógł dotrzeć, ale każdy może sam budować własne zdrowie. Miłosierny Bóg nie pozostawił nas samych w chorobie, przygotował naturalną aptekę i wyposażył w rozliczne środki, które mają za zadanie dbać zarówno o ciało jak i ducha.

Wycięty guzek, to tylko wycięty skutek choroby, a jego przyczyna nadal pozostaje. Nowoczesna medycyna na lata zaniedbań stosuje chemioterapię lub radioterapię. Po operacji onkologicznej choremu zapisuje się takie leczenie na podtrzymanie życia, a gdzie oczyszczenie organizmu, jego rozgrzanie, regeneracja. Jeśli nawet chemioterapia jest wskazana, bo komórki rakotwórcze są rozsiane w organizmie, to nikt nie może zwolnić chorego z budowania zdrowia, a więc „Cztery kroki do zdrowia" muszą być, bo w przeciwnym razie chemioterapia wyniszczy organizm, zniszczy system odpornościowy, więc chorobie stworzymy idealne warunki do rozwoju.

Tak też było w przypadku pewnej młodej kobiety, której nowotwór pokazał najczarniejsze oblicze. Gdy badania potwierdziły niewielki guzek na piersi poddała się tradycyjnemu leczeniu – najpierw więc wyłuskano guzek, który okazał się złośliwy, a następnie zalecono chemioterapię.
Siłacz rozprawił się z komórkami rakotwórczymi, ale niestety z przyczyną choroby nie poradził sobie, stąd po kilku latach przyjmowania silnych tabletek antynowotworowych guz niepostrzeżenie uformował się na mózgu. Zastosowano wtedy radioterapię, której wyniszczony chorobą i leczeniem organizm nie wytrzymał.
Gdy zaś jej mąż przygotowywał herbatki ziołowe, ona walcząca z okrutną chorobą trzaskała drzwiami na znak protestu, bo lekarze wydrwili zioła, w przypadku takiej choroby trzeba siłacza – powiedzieli. I rzeczywiście siłacz zwyciężył, tylko zabrakło mądrości, wszak nikt nie wytłumaczył chorej, że guzek na piersi był wynikiem niewydolnie pracującego organizmu. Trzeba więc było nie trzaskać drzwiami, tylko za pomocą prawdziwego pożywienia i ziół powracać organizm do zdrowia. Same tabletki choć silne, zdrowia nie potrafiły zbudować.

Pewna zaś pani opowiedziała mi po wykładzie, że po amputacji piersi niestety jej organizm nie chciał przyjąć chemioterapii. Lekarz prowadzący zapisał wtedy zastępczą terapię tabletkową, lecz po tygodniu jej stosowania najpierw zaprotestowała wątroba, później nerki. Chora więc pozostała bez konwencjonalnego leczenia. Ale dokładnie oczyściła organizm, następnie odnowiła energetycznym pożywieniem. Po kilku miesiącach takiej energetycznej diety poczuła się jak nowo narodzona, uregulowało się trawienie, zaparcia odeszły w zapomnienie, wątroba się odtłuściła, ciśnienie spadło do normy, zginęły przebarwienia i wszelkiego typu zgrubienia, narośla na skórze. Powróciło zdrowie bez tabletek, ale pokochała proste jedzenie i herbatki ziołowe. Stała się innym człowiekiem, wszak wróciła do Boga i Jego dzieł.

*Niezależnie jaką metodę leczenia wybierzemy, nikt nie może zwolnić nas z budowania zdrowia za pomocą prawdziwego pożywienia i życiodajnych herbatek ziołowych.*
*Nowotwory dlatego są mocne, bo mają doskonałą pożywkę z niewłaściwego jedzenia, które spożywamy. Trzeba więc odciąć im źródło utrzymania. Zaś organizmowi należy dostarczyć tylko takie pożywienie, by służyło zdrowiu, nie chorobie.*

## Ukorzyć się przed naturą

Walka z rakiem jest trudna, skomplikowana, stąd chorzy, którzy wygrali z tą okrutną chorobą, zgodnie stwierdzają, że przeszli swoją Golgotę. Tak, rak to Golgota naszych czasów, to Golgota nowoczesnego człowieka, który dźwiga swój krzyż w cierpieniu i samotności. Nawet jeśli na tej drodze towarzyszą mu najbliżsi, to krzyż musi nieść sam, sam upada, by znów w okrutnym trudzie podnieść się. I ten strach, który paraliżuje myśli, strach nie przed śmiercią, lecz przed rozrywającym ciało i często ducha bólem. Z roku na rok liczba chorych na tę okrutną chorobę rośnie.
A nauka wciąż pracuje nad skutecznym lekarstwem. Prawdziwej zaś profilaktyki opartej na mądrej edukacji społeczeństwa brak, bo nowoczesny świat kocha raczej medialny szum, połyskliwe reklamy i wolność – wolność, która zwalnia nas z odpowiedzialności, również odpowiedzialność za zdrowie. Wydaje się nam, że możemy żyć według znanego powiedzenia: „Hulaj duszo, piekła nie masz". Ale nie do końca, bo coraz częściej przekonujemy się, że piekło możemy stworzyć sobie już na Ziemi.

Człowiek więc musi ukorzyć się przed naturą, by ta pomogła mu w uzdrowieniu ciała i ducha. Natura nie zna ani złości, ani kłamstwa, ani strachu, ani stresu, ani lenistwa, ani pychy. Żyje z dnia na dzień, w ciszy realizuje powierzony jej plan działania. Żeby więc pomogła nam, trzeba wejść w ten plan prosty i pełen miłości - wszak jest to plan Boży - zdrowe odżywianie, zdrowe herbatki ziołowe, zdrowe myśli i zdrowe czyny. Trzeba więc mocno się napracować, by uczciwie żyć w tym Bożym świecie, trzeba również wielkiej wytrwałości, by organizm od choroby do zdrowia doprowadzić.

Życie to odpowiedzialność, to twarde stąpanie po drodze, którą każdemu z nas Pan wyznaczył. Jednak nowoczesne życie nęci wielu, nic więc dziwnego, że szukają w nim szczęścia. Ale szczęście to swoim blaskiem potrafi tak oślepić, że rozum odbierze, serce zatraci, a wtedy może okazać się, że na prawdziwą drogę jest już za późno.

## Winko oczyszczające płyny ustrojowe – torbielki

- przeprowadzić kurację „Cztery kroki do zdrowia",
- herbatki i miksturki stosowane przy tej chorobie opisałam w książce „Budować zdrowie" s. 135.

*winko oczyszczające płyny ustrojowe* – przepis:

skład:

6 łyżek korzenia lub liści lubczyku, 5 łyżek nasion kopru włoskiego, 5 łyżek owoców głogu, 2 łyżki liści pokrzywy, 4 łyżki ziela przytulii, 2 butelki wina białego, gronowego, wytrawnego.

wykonanie:

Do słoika wsypać zioła, wlać wino. Słoik zakręcić, postawić w kuchni na 10 dni, codziennie wstrząsnąć. Następnie zawartość słoika przelać do garnka, zagotować i ogrzewać około 15 minut na małym ogniu. Przecedzić, rozlać do butelek.

zastosowanie:

Stosować 2 x dziennie po 3 łyżki, najlepiej rozcieńczyć ciepłą herbatką ziołową.

## Herbatka kobieca - mięśniaki

- przeprowadzić kurację „Cztery kroki do zdrowia",
- herbatki i miksturki stosowane przy tej chorobie opisałam w książce „Budować zdrowie" s. 138,
- olej żywokostowy z maścią tulipanową.

*herbatka kobieca*- przepis:

skład:

| | |
|---|---|
| kwiat nagietka | 50 g |
| ziele nawłoci | 50 g |
| ziele przywrotnika | 50 g |

wykonanie:

Zioła wymieszać, 3 łyżki wsypać do garnka, wlać 3 szklanki wody, zagotować. Następnie pod przykryciem zaparzać 15 minut. Przecedzić.

zastosowanie:

Herbatkę pić ciepłą w ciągu dnia.

## Nalewka z jaskółczego ziela – tłuszczaki

- przeprowadzić kurację „Cztery kroki do zdrowia",
- herbatki i miksturki stosowane przy tej chorobie opisałam w książce „Budować zdrowie " s. 101.

*nalewka z jaskółczego ziela* – przepis:

skład:

10 łyżek suszonego jaskółczego ziela lub garść świeżego, drobno pociętego ziela, ½ litra 70 % spirytusu lub wódki.

wykonanie:

Ziele wsypać do słoika, zalać alkoholem, słoik zakręcić i postawić w kuchni na 10 dni. Codziennie wstrząsnąć.

zastosowanie:

Stosować 2 x dziennie po 1 łyżeczce nalewki, najlepiej rozcieńczyć ciepłą wodą.
W dawnej Polsce medycy powiadali, że jaskółcze ziele żyły „wątrobne" czyści. Takie oczyszczenie przyda się wątrobie, by mogła sprawniej wykonywać niezwykle skomplikowane procesy życiowe.

## Zupka ze ślazu - wrzody żołądka i dwunastnicy

- przeprowadzić kurację „Cztery kroki do zdrowia",
- herbatki i miksturki stosowane przy tej chorobie opisałam w książce „Budować zdrowie" s. 20.
- przy wrzodach polecam też nalewkę z tataraku.

*zupka ze ślazu* - przepis:

skład:

5 marchewek, 5 łyżek suszonych liści ślazu lub garść ślazu świeżego, 5 szklanek wody, kilka łyżek ugotowanej na wodzie kaszy jaglanej, 1 łyżeczkę soli morskiej lub kamiennej, 1 łyżkę ziołowego pieprzu, 1 łyżkę masła klarowanego, 2 jajka ugotowane na twardo, drobno pokrojone, natka pietruszki, koperek, szczypiorek (można dodać świeże zioła zamiast pieprzu ziołowego - majeranek, bazylię, lebiodkę, kurdybanek czy inne).

wykonanie:

Wodę zagotować, wrzucić marchewkę, dodać sól i pieprz ziołowy, gotować na małym ogniu 20 minut. Wyjąć marchewkę, a do odwaru dodać ślaz, zagotować, naciągać pod przykryciem około 15 minut. Przecedzić, dodać marchewkę startą na grubej tarce, ugotowaną kasze jaglaną, masło i jajka, a na końcu wsypać zieleninę. Zagotować. Zupkę można też zmiksować, wtedy jest zupka krem.

zastosowanie:

Zupkę można spożywać nawet kilka razy dziennie aż stan zdrowia się poprawi. Jest niezwykle zdrowa, wszak ślaz odnawia śluzówkę w organizmie.

## Olej rumiankowy – stwardnienie rozsiane

- przeprowadzić kurację „Cztery kroki do zdrowia",
- herbatki i miksturki stosowane przy tej chorobie opisałam w książce „Wytrwać w zdrowiu" s. 18,
- Herbatka Królewska odnawia krew, oczyszcza soki życiowe, polecam 3 szklanki dziennie, najlepiej wypić łykami,
- smarować kręgosłup olejem żywokostowym od dołu do góry.

*olej rumiankowy* – przepis:

skład:

10 łyżek suszonych kwiatów rumianku lub 2 garście świeżych, ½ litra lnianego oleju.

wykonanie:

Rumianek wsypać do słoika, wlać olej. Słoik zakręcić i wstawić do garnka z wodą. Wodę doprowadzić do wrzenia, a następnie na małym ogniu ogrzewać około ½ godziny. Następnie zestawić z ognia, pozostawić słoik w wodzie na kilka godzin do naciągnięcia – olej przecedzić, przechowywać w chłodnym miejscu.

zastosowanie:

Smarować olejem chore części ciała.
Już w starożytności znano olej rumiankowy, stosowano go przy nerwobólach i łamaniu w kościach. Szwajcarski ksiądz i jednocześnie lekarz leczący ziołami Johann Künzle zalecał olej rumiankowy przy niedowładzie kończyn. Kuracja jest skuteczna, szczególnie polecam ją chorym po wylewach krwi do mózgu, po udarach mózgu – o wiele szybciej sparaliżowane części ciała dochodzą do zdrowia. Z doświadczenia wiem, że olej rumiankowy systematycznie stosowany przynosi ulgę chorym na stwardnienie rozsiane, a także tym, którzy cierpią na zaniki mięśni.

## Sok z mniszka i kąpiel macierzankowa - choroba Parkinsona

- przeprowadzić kurację „Cztery kroki do zdrowia",
- zamiast zwykłej herbatki należy popijać herbatki ziołowe, polecam Mistrzowską, na zmianę można Ziemiańską czy Magnacką,
- leczniczo 3 - 4 szklanki dziennie Herbatki Królewskiej
- kąpiele w macierzance,
- smarować kręgosłup olejem żywokostowym.

*sok z mniszka* - przepis:

skład:

Wiaderko młodych, jeszcze przed kwitnieniem liści mniszka (wtedy zawierają najwięcej wartości leczniczych, korzystnie podziałają liście z korzeniem, można wyciąć więc całą roślinkę z korzeniem), wódka lub spirytus 70%.

wykonanie:

Liście umyć, sok wycisnąć w sokowirówce.
Na 4 szklanki soku dodajemy 1 szklankę alkoholu, wymieszać (alkohol zakonserwuje sok). Przelać do butelek, przechowywać w piwnicy lub w lodówce.

zastosowanie:

Stosować 4 x dziennie po 1 łyżce w kieliszku ciepłej wody.
Sok mniszkowy stosuje się w różnych chorobach, ponieważ oczyszcza, wzmacnia i odnawia krew. A tylko zdrowa krew zapewni zdrowie, również przy chorobie Parkinsona.

*kąpiel w macierzance* – przepis:

skład:

150 g suszonej lub ½ wiaderka świeżej macierzanki, 5 litrów wody.

wykonanie:

Zioła wsypać do garnka, zalać wodą, zagotować, a następnie na małym ogniu podgotować około 15 minut. Przecedzić do wanny, dolać ciepłej wody.

zastosowanie:

Kąpiel powinna trwać 20 minut, nerki zawsze muszą być pod wodą, a serce nad wodą.

Wykonujemy 10 kąpieli codziennie, następnie należy zrobić przerwę 2 – 3 tygodnie. I znów od początku aż stan zdrowia się poprawi. Gdyby po kolejnych kąpielach w organizmie pojawiły się jakieś bóle, nieraz mogą być nawet silne bóle, wtedy kąpiele robić co 2 dni, a nawet co 3 dni, czyli kurację należy przeprowadzać wolniej, bowiem organizm zaczął się oczyszczać, ale nie radzi sobie jeszcze z wydalaniem na zewnątrz toksyn.

Po osuszeniu ciała dokładnie smarować kręgosłup olejem żywokostowym, zawsze od dołu do góry.

## Syrop z kurdybanka - Choroba Raynauda

- przeprowadzić kurację „Cztery kroki do zdrowia",
- rozgrzać organizm herbatkami rozgrzewającymi, polecam Herbatkę Mistrzowską, na zmianę Ambrozję Antyprzeziębieniową, najsilniej rozgrzeje organizm herbatka z cząbru i omanu,
- kąpiele w macierzance,
- leczniczo popijać 2 - 3 szklanki Herbatki Królewskiej.

*syrop z kurdybanka* - przepis:

skład:

6 garści świeżego, wiosennego kurdybanka, razem z kwiatkami, 4 garście kwiatów mniszka wraz z łodygami, 4 garście kwiatów bzu czarnego, 5 litrów wody, 1 ½ litra miodu.

wykonanie:

Zioła umyć i wsypać do garnka, wlać wodę, zagotować. A następnie na małym ogniu ogrzewać około 10 minut. Zdjąć z ognia i zaparzać pod przykryciem ½ godziny. Przecedzić, do wywaru dodać miód. Zagotować, na małym ogniu ogrzewać około 5 minut. Gorący syrop przelać do słoików. Wstawić pod koc, by zawekować.

zastosowanie:

Stosować kilka razy dziennie po łyżce, najlepiej dodawać do Herbatki Mistrzowskiej, która doskonale rozgrzewa organizm.

***uwaga:***

*Żeby pomóc sobie w tej ciężkiej chorobie, należy przede wszystkim rozgrzać organizm. Musi więc być rozgrzewające pożywienie - szczególnie polecam energetyczny rosół z kaszą jaglaną, nawet kilka razy dziennie. Muszą być herbatki rozgrzewające i rozgrzewające kąpiele. Jeśli rozgrzeją się nerki, a one w głównej mierze odpowiadają za ciepło krwi, wtedy ciepła krew będzie krążyła po organizmie i będzie mądrze budowała zdrowie.*

*macierzanka*

## Herbatka z owsa, owsiane kąpiele, życiodajna owsianka - choroba Bürgera

- przeprowadzić kurację „Cztery kroki do zdrowia",
- kąpiele w słomie owsianej,
- smarować nogi olejem rumiankowym lub żywokostowym,
- zamiast zwykłej herbaty polecam herbatki rozgrzewające i oczyszczające, może być Herbatka Mistrzowska, Herbatka Ziemiańska, Herbatka Książęca, popijać na zmianę.

*herbatka z owsa* – przepis:

skład:

4 łyżki drobno pociętej słomy owsianej lub 4 łyżki ziarna owsa, 7 szklanek wody.

wykonanie:

Zioła wsypać do garnka, wlać wodę, zagotować, przykryć. A następnie na małym ogniu ogrzewać ½ godziny. Przecedzić.

zastosowanie:

Wywar popijać ciepły, najlepiej głębszymi łykami w ciągu dnia.

*owsiane kąpiele* – przepis:

skład:

½ wiaderka słomy owsianej lub 2 kg ziarna owsa, 5 litrów wody.

wykonanie:

Zioła wsypać do garnka, zalać wodą, zagotować, a następnie na małym ogniu podgotować około 15 minut. Zaparzać pod przykryciem kilka godzin. Wieczorem przecedzić do wanny, dolać ciepłej wody.

zastosowanie:

Kąpiel powinna trwać 20 minut, nerki zawsze muszą być pod wodą, a serce nad wodą.

Wykonujemy 10 kąpieli codziennie, następnie należy zrobić przerwę 2 – 3 tygodnie. I znów od początku aż stan zdrowia się poprawi. Gdyby po kolejnych kąpielach w organizmie pojawiły się jakieś bóle, nieraz mogą być nawet silne bóle, wtedy kąpiele robić co 2 dni, a nawet co 3 dni, czyli kurację należy przeprowadzać wolniej, bowiem organizm zaczął się oczyszczać, ale nie radzi sobie jeszcze z wydalaniem na zewnątrz toksyn.

Po osuszeniu ciała dokładnie smarować nogi olejem rumiankowym lub żywokostowym, zawsze od dołu do góry.

*życiodajna owsianka* – przepis:

skład:

10 łyżek płatków owsianych, 1 szklanka wody, 1 łyżka zmielonych pestek dyni, 1 łyżka zmielonych nasion wiesiołka, 1 łyżka oleju lnianego.

wykonanie:

Płatki owsiane zalać wrzącą wodą, zagotować, a następnie na małym ogniu ogrzewać 5 minut. Posolić do smaku, dodać ziarno wiesiołka, pestki dyni i olej lniany. Potrawa jest smaczna, ale należy się do specyficznego smaku oleju przyzwyczaić.

zastosowanie:

Przez miesiąc stosować 2 x dziennie, na śniadanie i kolację, a później tylko na śniadanie. Płatki owsiane oczyszczają i odnawiają organizm.
Chorzy powinni spożywać owsiankę tylko na wodzie, wtedy będzie lekkostrawna, więc organizm wykorzysta ją do budowania zdrowia.

*rumianek*

## Masło z dziurawcem – depresja

- przeprowadzić kurację „Cztery kroki do zdrowia",
- herbatki i miksturki stosowane przy tej chorobie opisałam w książce „Od depresji do życia".

*masło z dziurawcem* – przepis:

<u>skład:</u>

1 kg dobrego masła wiejskiego, niesolonego, garść świeżych kwiatów dziurawca lub 50 g suszonego ziela dziurawca, 2 szklanki dobrego piwa.

<u>wykonanie:</u>

Masło i kwiaty dziurawca włożyć do rondla i podgrzewać na małym ogniu – najlepiej zabezpieczyć płytką, żeby się nie przypalało. Drewnianą łyżką zbierać tworzącą się pianę. Podgrzewać tak długo aż piana przestanie się tworzyć. Wtedy masło przecedzić i rozlać do słoików.

<u>zastosowanie:</u>

Piwo wlać do garnka, zagotować, następnie dodać 3 łyżki masła z dziurawcem i ogrzewać na małym ogniu 2 – 3 minuty. Pod koniec gotowania można dodać do smaku cynamonu, nieco kardamonu. Miksturę wypić ciepłą w ciągu dnia.

Kiedyś mój ojciec wykonywał cenną miksturę z masła, dziurawca i dobrego naturalnego piwa – podawał ją ludziom z chorymi, przemęczonymi ciężką pracą kręgosłupami. Po kilku dniach takiej kuracji ból kręgosłupa mijał, a wszyscy ozdrowieńcy zgodnie powtarzali, że mikstura dodała im niezwykłej siły do życia. I nic dziwnego, bowiem jej składniki choć proste, ale mocarne.

dziurawiec – zioło według prof. J. Muszyńskiego leczy 98 chorób, bowiem odnawia cały organizm – leczy ciało, wspomaga ducha,

masło klarowane – to stare lekarstwo, zawierające wiele składników odżywczych i leczniczych,

piwo – z naturalnych składników zawiera substancje pobudzające do życia, ma działanie odmładzające.

*rzepik*

## Winko chabrowe, kąpiele w skrzypie – choroby psychiczne

- przeprowadzić kurację „Cztery kroki do zdrowia", zwrócić należy szczególną uwagę na energetyczne pożywienie,
- zamiast zwykłej herbatki popijać Herbatkę Mistrzowską lub herbatkę z chabru,
- leczniczo 3 szklanki Herbatki Królewskiej,
- kąpiele w skrzypie.

*winko chabrowe* – przepis:

skład:

2 – 3 garście świeżych kwiatów chabru, 1 garść świeżego rumianku lub 10 łyżek suszonych kwiatów chabru i 4 łyżki suszonych kwiatów rumianku, 2 butelki wina białego, gronowego, wytrawnego, 6 łyżek płynnego miodu.

wykonanie:

Zioła wsypać do garnka, wlać wino, zagotować, a następnie na małym ogniu ogrzewać 10 minut. Naciągać pod przykryciem ½ godziny. Przecedzić. Dodać miód. Zagotować, można nieco podgotować, gorące rozlać do butelek.

zastosowanie:

Winko dodawać do herbatki ziołowej jak sok.

*kąpiele w skrzypie* – przepis:

skład:

½ wiaderka świeżego skrzypu lub 150 g suszonego, 5 litrów wody.

wykonanie:

Zioła wsypać do garnka, wlać wodę, zagotować, a następnie na małym ogniu podgotować około 20 minut. Przecedzić do wanny, dolać ciepłej wody.

zastosowanie:

Kąpiel powinna trwać 20 minut, nerki zawsze muszą być pod wodą, a serce nad wodą. Niezwykle wartościowe są kąpiele w skrzypie, ponieważ wspaniale poprawiają krążenie nerkowe. Przy takich chorobach także prawdziwe cuda czyni kąpiel w słonecznej macierzance, można łączyć ją z nawłocią i rumiankiem. Polecam też kąpiele wzmacniające w słomie owsianej.

***uwaga:***
*Wybitny austriacki neurolog dr J. Wagner - Jauregg napisał, że dwie trzecie wszystkich nerwowo chorych nie musiałoby przebywać w zakładach leczniczych, gdyby ich nerki były zdrowe. U cierpiących na choroby psychiczne nerki pracują na minimum energetycznym, są więc mocno wyczerpane i osłabione. I jeśli do tego dołożymy jeszcze niewłaściwe pożywienie, wtedy krew słabej jakości - zimna, śluzotwórcza, anemiczna popłynie po organizmie. Nie jest więc w stanie dożywić poszczególnych komórek, niedożywione będą również nerwy, niedożywiony, anemiczny będzie mózg - stąd apatia, chroniczne zmęczenie, słaba koncentracja, a w skrajnych przypadkach urojenia, lęki czy depresja. Jeśli więc organizm jest skrajnie wyczerpany, należy zadbać o zdrowe pożywienie, życiodajne herbatki ziołowe, warto dodatkowo wzmacniać i rozgrzewać nerki, przeprowadzając kąpiele ziołowe.*
*Kąpiele są niezwykle pożyteczne, a w przypadku, kiedy organizm jest bardzo osłabiony i z trudem przyjmuje zarówno pożywienie jak i zioła, wtedy mogą być najskuteczniejsze, bowiem przez skórę najszybciej przedostaną się do organizmu wartości lecznicze ziół.*

## Winko królowej Bony i miód propolisowy – reumatoidalne zapalenie stawów

- przeprowadzić kurację „Cztery kroki do zdrowia", szczególną uwagę zwrócić na energetyczne pożywienie, spożywać rosół z kaszą jaglaną kilka razy dziennie aż stan zdrowia się poprawi,
- zamiast zwykłej herbaty popijać herbatki ziołowe, polecam Mistrzowską, Ziemiańską,
- Herbatka Królewska 3 szklanki dziennie, najlepiej popijać łykami w ciągu dnia.

*winko królowej Bony* – przepis:

skład:

3 garście świeżego ziela macierzanki, 1 garść świeżych liści babki lancetowatej lub 10 łyżek suszonej macierzanki i 5 łyżek suszonej babki lancetowatej, 2 wina białe, gronowe, wytrawne, ½ litra miodu, 2 pokruszone laseczki cynamonu, 1 łyżeczkę kardamonu.

wykonanie:

Zioła wrzucić do garnka, wlać wino, zagotować, na małym ogniu podgotować około 15 minut, przecedzić. Dodać miód. Ogrzewać około 5 minut, rozlać do butelek.

zastosowanie:

Dodawać do herbatek ziołowych jak sok. Winko rozgrzewa organizm i jednocześnie wzmacnia system odpornościowy.

*miód propolisowy* – przepis:

skład:

1 buteleczka propolisu – (propolis można kupić w sklepie ziołowym).
½ litra płynnego miodu lipowego

wykonanie:

Składniki dokładnie wymieszać.

zastosowanie:

Stosować 3 x dziennie po 1 łyżeczce między posiłkami. Propolis jest naturalnym antybiotykiem, w wielu przypadkach poradził sobie z silnymi stanami zapalnymi w organizmie.

***uwaga:***
*Są osoby uczulone na propolis, gdyby więc pojawiły się jakieś zmiany skórne, z propolisu należy zrezygnować.*

## Winko z liści brzozy – dna moczanowa

- przeprowadzić kurację „Cztery kroki do zdrowia",
- zamiast zwykłej herbatki popijać Herbatkę Mistrzowską, Herbatkę Książęcą,
- herbatki i miksturki stosowane przy tej chorobie opisałam w książce „Wytrwać w zdrowiu" s. 102.

*winko z liści brzozy* – przepis:

skład:

6 garści młodych liści brzozy, 10 łyżek Herbatki Mistrzowskiej, 3 pokruszone laseczki cynamonu, 4 butelki wina białego, gronowego, wytrawnego, 1 litr płynnego miodu.

wykonanie:

Zioła wsypać do garnka, wlać wino zagotować, a następnie na małym ogniu ogrzewać około 10 minut, naciągać pod przykryciem 2 - 3 godziny. Następnie przecedzić, do wywaru dodać miód. Zagotować i podgotować około 2 minuty, gorące rozlać do butelek. Przechowywać w lodówce lub w piwnicy.

zastosowanie:

Winko można dolewać do herbatki ziołowej, herbatka będzie smaczniejsza i bardziej energetyczna.

Jest ono niezwykle zdrowe, wszak naprawia nerki, należy więc zrobić go dużo, bowiem w maju i czerwcu listki mają najwięcej substancji leczniczych.

## Olej z jaskółczego ziela - łuszczyca

- przeprowadzić kurację „Cztery kroki do zdrowia",
- herbatki i miksturki stosowane przy tej chorobie opisałam w książce „Wytrwać w zdrowiu" s. 70.

*olej z jaskółczego ziela* - przepis:

skład:

3 garście drobno pokrojonego świeżego jaskółczego ziela, ½ litra lnianego oleju.

wykonanie:

Ziele wsypać do słoja, wlać ½ l lnianego oleju, zakręcić, wystawić na słońce. Im dłużej stoi, tym jego działanie lecznicze będzie silniejsze.

zastosowanie:

Smarować olejem chore miejsca.
Olej z jaskółczego ziela wyciąga złą materię z organizmu, a więc pomocny będzie również przy łuszczycy.

## Dziurawcowe winko – bielactwo

- przeprowadzić kurację „Cztery kroki do zdrowia",
- zamiast zwykłej herbaty polecam ziołowe herbatki – Herbatka Mistrzowska, Herbatka Ziemiańska,
- leczniczo 3 x dziennie 1 szklankę Herbatki Królewskiej.

*dziurawcowe winko* – przepis:

skład:

2 garście świeżych kwiatów dziurawca lub 10 łyżek suszonego ziela dziurawca, garść świeżych liści mniszka lekarskiego, czyli mleczu lub 4 łyżki suszonego korzenia mniszka, 2 łyżki suszonego korzenia łopianu, 3 wina białe, gronowe, wytrawne, 4 łyżki miodu.

wykonanie:

Zioła wsypać do garnka, wlać wino, zagotować, a następnie na małym ogniu ogrzewać około 10 minut. Naciągać pod przykryciem 30 minut. Przecedzić. Dodać miód, zagotować. Gorące winko przelać do butelek.

zastosowanie:

Winko najlepiej dodawać do herbatek ziołowych jak sok owocowy – wzmacnia i oczyszcza wątrobę.

***uwaga:***

*Nie ma skutecznego lekarstwa na bielactwo ani chemicznego, ani ziołowego. Należy więc odnowić organizm, żeby dać mu szansę na prawidłowe funkcjonowanie. Jeśli organizm podejmie właściwą pracę, zniknie problem bielactwa. Przede wszystkim należy zwrócić uwagę na wątrobę. Wątroba to laboratorium, w niej zachodzą najważniejsze procesy życiowe. Do ich wykonania potrzebuje różnych enzymów, substancji, soków. Niestety pożywienie mamy coraz gorszej jakości, z konserwantami, polepszaczami, przetworzone, często jednostronne, więc wątroba nie otrzymuje odpowiednich składników. Pracuje słabiej, do krwi trafia więc pożywienie niepełnowartościowe, może w nim między innymi braknąć odpowiedniego pigmentu do barwienia skóry. Dlatego bielactwo to problem wewnętrzny organizmu, a nie zewnętrzny. Wszelkie mikstury do smarowania nie zdają więc egzaminu, trzeba koniecznie przeprowadzić program* „Cztery kroki do zdrowia”, *by zapewnić organizmowi składniki do budowy zdrowia.*

*mniszek*

## Olej macierzankowy
## – zapalenie nerwu trójdzielnego

- przeprowadzić kurację „Cztery kroki do zdrowia",
- herbatki i miksturki stosowane przy tej chorobie opisałam w książce „Budować zdrowie" s. 68.

skład:

10 łyżek suszonego ziela macierzanki lub 2 garście świeżego ziela, ½ litra lnianego oleju.

wykonanie:

Macierzankę wsypać do słoika, wlać olej. Słoik zakręcić i wstawić do garnka z wodą. Wodę doprowadzić do wrzenia, a następnie na małym ogniu ogrzewać około ½ godziny. Następnie zestawić z ognia, pozostawić słoik w wodzie na kilka godzin do naciągnięcia – olej przecedzić, przechowywać w chłodnym miejscu.

zastosowanie:

Smarować chore miejsce. Macierzanka jest ciepła jak letnie słońce, dlatego olej macierzankowy leczy ciepłem.

## Olej majerankowy - powiększone węzły chłonne

- przeprowadzić kurację „Cztery kroki do zdrowia",
- zamiast zwykłej herbaty polecam Herbatkę Mistrzowską, Ambrozję Antyprzeziębieniową,
- herbatki i miksturki stosowane przy tej chorobie opisałam w książce „Wytrwać w zdrowiu" s. 63.

*olej majerankowy* - przepis:

skład:

6 łyżek ziela majeranku, 1 szklanka lnianego oleju.

wykonanie:

Majeranek wsypać do słoika, wlać olej. Słoik zakręcić i wstawić do garnka z wodą. Wodę doprowadzić do wrzenia, a następnie na małym ogniu ogrzewać około ½ godziny. Następnie zestawić z ognia, pozostawić słoik w wodzie na kilka godzin do naciągnięcia - olej przecedzić, przechowywać w chłodnym miejscu.

zastosowanie:

Z oleju robimy okłady na powiększone węzły chłonne.

## Mikstura z gruszek - migrena

- przeprowadzić kurację „Cztery kroki do zdrowia", przez kilka tygodni spożywać rosół z kaszą jaglaną kilka razy dziennie,
- zamiast zwykłej herbaty popijać można herbatki ziołowe, może być oczyszczająca Ziemiańska, może być też wyciszająca organizm Herbatka Magnacka,
- herbatki i miksturki stosowane przy tej chorobie opisałam w książce „Wytrwać w zdrowiu" s. 25.

*mikstura z gruszek* – przepis:

skład:

2 kg gruszek, 1 kg borówki czerwonej, 2 łyżki zmielonego ziela cząbru, 1 łyżkę zmielonego ziela macierzanki, 1 łyżkę zmielonego cynamonu, 1 łyżkę zmielonego kardamonu, 1 litr miodu, 1 szklankę wody.

wykonanie:

Gruszki umyć, obrać, pokroić w drobne plasterki, borówki umyć, osączyć. Wsypać do garnka owoce, dodać wodę i przyprawy, zagotować. Ogrzewać na małym ogniu aż owoce się rozgotują. Dodać miód, całość zagotować i ogrzewać jeszcze kilka minut. Mikstura winna mieć konsystencję konfitury. Wtedy gorącą przełożyć do słoika, wstawić pod koc, by zawekować.

zastosowanie:

Miksturę stosować 4 – 5 razy dziennie po łyżce. Rozprasza wilgoć w organizmie, oczyszcza jelita z niebezpiecznych toksyn, wzmacnia i rozgrzewa nerki.

## Nalewka z tasznika - zaniki mięśni

- przeprowadzić kurację „Cztery kroki do zdrowia",
- herbatki i miksturki stosowane przy tej chorobie opisałam w książce „Po zdrowie z ziołami" s. 108,
- koniecznie spożywać polewkę ze zbóż.

*nalewka z tasznika* - przepis:

skład:

2 garście drobno pokrojonego, świeżego ziela tasznika lub 10 łyżek suszonego tasznika, ½ litra wódki.

wykonanie:

Ziele tasznika wsypać do słoika, wlać wódkę, postawić w kuchni na 10 dni. Latem można wystawić nalewkę na balkon, wtedy promienie słoneczne swoją energią wzmocnią siłę tasznika.

zastosowanie:

Nalewkę z tasznika można stosować i wewnętrznie, i zewnętrznie do smarowania. Wewnętrznie stosować 3 x dziennie po 1 łyżeczce, rozcieńczyć ciepłą wodą. Nalewką smarować zanikające mięśnie.

***uwaga:***

*Przy zanikach mięśni ważne są również kąpiele ziołowe - cenne kąpiele są w skrzypie, rozgrzewające w macierzance, jesienią zaś polecam kąpiele w naci marchwi - są niezwykle skuteczne.*

## Herbatka z rdestu ptasiego – kamienie nerkowe

- przeprowadzić kurację „Cztery kroki do zdrowia",
- kąpiele w skrzypie,
- leczniczo 3 – 4 szklanki herbatki z rdestu ptasiego, można dodać do herbatki winka brzozowego,
- przy bólu nerek, do 5 szklanek herbatki z rumianku,
- gdyby nerki były bardzo wychłodzone (czujemy zimno w okolicach nerek) przez kilka dni warto popić herbatkę z cząbru i omanu.

*herbatka z rdestu ptasiego* – przepis:

<u>skład:</u>

ziele rdestu ptasiego 50 g
znamię kukurydzy 50 g

<u>wykonanie:</u>
Zioła wymieszać, 4 łyżki wsypać do garnka, wlać 5 szklanek wody, zagotować, a następnie pod przykryciem zaparzać 10 minut. Przecedzić.

<u>zastosowanie:</u>
Herbatkę pić ciepłą w ciągu dnia.

***uwaga:***
*Kamienie nerkowe nie powstają z niczego, być może korzystamy na co dzień ze złej jakości wody, być może pijemy wodę mineralną, a nerki mamy słabe i nie mogą poradzić sobie z mikroelementami, które często do takiej wody są dodawane. Być może spożywamy niewłaściwe pożywienie, a może wszystko razem sprawiło, że organizm jest niewydolny i tworzy kamienie. W zdrowym organizmie kamienie się nie utworzą.*
*W dawnej Polsce specjaliści powiadali, że kamienie w nerkach tworzą się tylko u ludzi, którzy mają stwardniałe soki w organizmie.*

## Herbatka z kocanki - kamienie żółciowe

- przeprowadzić należy kurację „Cztery kroki do zdrowia",
- zamiast zwykłej herbaty popijać Herbatkę Książęcą, do herbatki można dodać winko św. Hildegardy (przepis s. 109),
- leczniczo 2 - 3 szklanki herbatki z kocanki.

*herbatka z kocanki* - przepis:

skład:

kwiat kocanki 50 g

wykonanie:

3 łyżki kocanki wsypać do garnka, wlać 4 szklanki wody, zagotować. A następnie pod przykryciem zaparzyć 10 minut. Przecedzić.

zastosowanie:

Herbatkę pić ciepłą w ciągu dnia, najlepiej łykami.
Jest stosowana w niewydolności wątroby, w kamicy żółciowej, po operacjach na drogach żółciowych.

## Stany ostre choroby

Jeśli choroby są nagłe lub występują stany ostre choroby, bądź też są choroby, które bezpośrednio zagrażają życiu, musimy bezwzględnie być pod opieką lekarza. Zioła i zdrowe pożywienie budują zdrowie, jest to jednak proces powolny, natomiast niejednokrotnie tabletki czy kroplówki podane w porę są w stanie życie uratować.

*kozłek lekarski*

# Inne choroby

## Syrop z babki lancetowatej - wirusowe zapalenie wątroby

- przeprowadzić kurację „Cztery kroki do zdrowia",
- zamiast zwykłej herbatki popijać Herbatkę Mistrzowską, Ziemiańską,
- leczniczo 2 szklanki dziennie Herbatki Królewskiej,
- do herbatek ziołowych można dodawać syrop z babki lancetowatej.

*syrop z babki lancetowatej* - przepis:

skład:

8 łyżek suszonej babki lancetowatej lub 2 garście świeżej, drobno pokrojonej babki, 6 szklanek wody, ½ litra miodu.

wykonanie:

Babkę lancetowatą wsypać do garnka, wlać wodę, zagotować, a następnie na małym ogniu ogrzewać około 10 minut, przecedzić. Dodać miód, zagotować, można nieco podgotować, rozlać do butelek.

zastosowanie:

Stosować 3 x dziennie po 2 łyżki, najlepiej dodać do herbatki ziołowej.

## Syrop z czosnku i chrzanu – gronkowce, paciorkowce

- przeprowadzić kurację „Cztery kroki do zdrowia",
- herbatki i miksturki stosowane przy tej chorobie opisałam w książce „Wytrwać w zdrowiu" s. 81.

*syrop z czosnku i chrzanu* – przepis:

<u>skład:</u>

1 szklanka drobno pokrojonego czosnku, 4 łyżki utartego chrzanu, 4 szklanki octu jabłkowego, najlepiej własnej produkcji, 5 łyżek miodu.

<u>wykonanie:</u>

Czosnek i chrzan wsypać do słoika, wlać ocet, postawić w kuchni na 10 dni. Codziennie wstrząsnąć. Przecedzić, dodać miód, wymieszać. Przechowywać w lodówce lub w piwnicy.

<u>zastosowanie:</u>

Stosować 3 x dziennie po 2 łyżki, rozcieńczyć zawsze ciepłą wodą.

## Herbatka wzmacniająca system odpornościowy - borelioza

- przeprowadzić program „Cztery kroki do zdrowia",
- kąpiele w macierzance,
- herbatki ziołowe zamiast zwykłej herbaty, polecam Mistrzowską, Ziemiańską, Książęcą na zmianę,
- spożywać 2 x dziennie po 30 kropelek propolisu, najlepiej z małą ilością ciepłej wody.

*herbatka wzmacniająca system odpornościowy* – przepis:

<u>skład:</u>

| | |
|---|---|
| ziele bluszczyka kurdybanka | 50 g |
| kwiat nagietka | 50 g |
| ziele przetacznika | 50 g |

<u>wykonanie:</u>

Zioła wymieszać, 3 łyżki wsypać do garnka, wlać 3 szklanki wody, zagotować, następnie zaparzać pod przykryciem 15 minut, przecedzić.

<u>zastosowanie:</u>

Herbatkę pić ciepłą między posiłkami.

***uwaga:***

*Nie ma ziół na tę chorobę, a skoro nie ma, to trzeba do niej podejść z mądrością. Żadne wirusy, chorobotwórcze bakterie czy inne mikroorganizmy nie wyhodują się w organizmie rozgrzanym i czystym. Należy więc organizm oczyścić, rozgrzać, wzmocnić, a wtedy sam powinien z chorobą sobie poradzić.*

# Najcenniejsze przepisy

## – grypa, przeziębienie, angina, chore zatoki

- w czasie przeziębienia najlepiej spożywać rozgrzewające potrawy, najcenniejszy jest energetyczny rosół z kaszą jaglaną,
- zamiast zwykłej herbaty polecam rozgrzewającą Herbatkę Mistrzowską czy Ambrozję Antyprzeziębieniową,
- do herbatek warto dodawać sok malinowy lub niezwykle cenny sok z bzu czarnego.

***kąpiele nóg*** – przepis:

Gdy przychodzimy zmarznięci do domu, gdy nogi mamy zimne, należy przede wszystkim wykonać gorącą kąpiel nóg z dodatkiem soli kamiennej! To ważne, od nóg do nerek droga krótka, jeśli wychłodzimy nogi, wychłodzone będą również nerki, a zimne nerki to katastrofa dla całego organizmu, wszak nerki to jego podstawa. Następnie nogi posmarować wódką i włożyć wełniane skarpetki.

***wódka i sól wyciągają wilgoć z organizmu***

skład:

½ szklanki soli kamiennej, ½ litra wódki.

wykonanie:

Sól kamienną wsypać do słoika, wlać wódkę. Postawić w kuchni, codziennie wstrząsnąć. Sól nie rozpuści się.

zastosowanie:

Po 10 dniach można nieco odlać nalewki i smarować nią chore części ciała. Zabieg powtarzać codziennie aż stan zdrowia się poprawi.
Tę nalewkę rozpowszechnił przed wojną dr S. Breyer, polecał ją do smarowania chorych, wychłodzonych części ciała.
Nic więc dziwnego, że szczególnie pomocna była przy przeziębieniach i bólach reumatycznych.

### *inhalacje*

Wrzucić do garnka z wodą garść macierzanki. Gdy się zagotuje, przykręcić ogień, niech ulatniają się na całe mieszkanie wonne olejki eteryczne z macierzanki, poczujemy ciepło i radość ziołowej polany.
Takie inhalacje są skuteczne przy schorzeniach dróg oddechowych, przynoszą także ulgę przy chorych zatokach.

### *nalewka z geranium – działa antywirusowo*

skład:

8 łyżek drobno pokrojonych listków geranium, ½ litra wódki.

wykonanie:

Geranium wsypać do słoika, postawić w kuchni na 10 dni. Codziennie wstrząsnąć, po tym terminie nalewka już jest gotowa do użycia.

zastosowanie:

Wlać 2 – 3 łyżki nalewki do spryskiwacza od kwiatów oraz ½ szklanki wody, rozpylić w pomieszczeniu, w którym przebywamy – w pracy, w domu.

Nalewka geranium skutecznie niszczy wirusy, które znajdują się w naszym otoczeniu. Radzę ją mieć pod ręką, szczególnie w okresie grypy. Można nasączyć nią kawałek waty (pięknie pachnie) i wdychać zdrowe olejki tego kwiatka. Taki nasączony wacik jest niezwykle wartościową i skuteczną maseczką antygrypową – zawsze bezpieczną. Przy okazji zlikwiduje ból zatok i katar.

Tę nalewkę o ślicznym, cytrynkowym zapachu warto również stosować wewnętrznie. 20 – 30 kropelek dodawać do herbatek ziołowych.

Można również 1 łyżeczkę wlać na dłonie, następnie pocierać je aż się rozgrzeją, a później rozgrzanymi nacierać twarz, okolice serca czy też osłabione części ciała. Organizm otrzyma niezłą porcję życiodajnej energii.

***ziołowe, rozgrzewające kąpiele***

Gdy choroba zaczyna wchodzić do naszego organizmu, wtedy zbawienne są ziołowe, rozgrzewające kąpiele. Bardzo szybko rozgrzeją się nerki i przyjemne ciepło popłynie po całym organizmie. Polecam kąpiel z macierzanki z dodatkiem lawendy.

***herbatka rozgrzewająca z omanem***

<u>skład:</u>

| | |
|---|---|
| ziele cząbru | 50 g |
| korzeń omanu | 50 g |

<u>wykonanie:</u>

Zioła wymieszać, 2 łyżki wsypać do garnka, wlać 3 szklanki wody, zagotować, a następnie na małym ogniu ogrzewać około 2 – 3 minuty. Przecedzić.

zastosowanie:

Herbatkę pić bardzo ciepłą aż stan zdrowia się poprawi. Można ją rozcieńczać wodą.

***uwaga:***
*Herbatka z omanu jest gorzka, niesmaczna, ale przekazuje zdrowie, a w wielu przypadkach może uratować życie.*

### ***rosół z omanem***

skład:

1 litr energetycznego rosołu, 2 łyżki korzenia omanu;

wykonanie:

Rosół wlać do garnka, wsypać oman, zagotować, a następnie na małym ogniu gotować około 2 – 3 minuty. Przecedzić.

zastosowanie:

Rosół pić bardzo ciepły w ciągu dnia.

***uwaga:***
*Rosół z omanem podawano ciężko chorym, sposób ten był znany w wielu krajach, nie tylko w Polsce. Warto spożywać go w czasie choroby, a później jeszcze przez kilka dni, by odnowić drogi oddechowe.*

### ***obniżenie temperatury – krwawnik i rumianek***

skład:

| | |
|---|---|
| kwiat krwawnika | 50 g |
| kwiat rumianku | 50 g |

wykonanie:

Zioła wymieszać, 1 łyżkę zalać 1 szklanką wrzącej wody, zaparzyć, przecedzić.

zastosowanie:

Wypić ciepłą. Taką herbatkę warto również podawać dzieciom, tylko słabszą – 1 łyżeczkę ziół zalać 1 szklanką wrzącej wody. Można dosłodzić im sokiem malinowym czy sokiem z bzu czarnego.
Krwawnik skutecznie obniży temperaturę, a rumianek wyciszy chory organizm.

***niezwykle skuteczna płukanka, gdy boli gardło***

skład:

1 szklanka naparu z szałwi, 1 łyżeczka kamiennej soli, 5 kropli propolisu, 1 łyżeczka soku z cytryny;

wykonanie:

1 łyżkę szałwi zalać 1 szklanką wrzącej wody, zaparzyć 15 minut, przecedzić. Do naparu dodać sól, propolis, sok z cytryny.

zastosowanie:

Płukać gardło kilka razy dziennie, a w ciężkich przypadkach co godzinę. Płukanka jest skuteczniejsza od antybiotyków.

***syrop z prawoślazu - kaszel***

skład:

6 łyżek korzenia prawoślazu, 4 łyżki liści ślazu, 5 łyżek kwiatów dziewanny, 1 łyżeczka zmielonego cynamonu, ½ łyżeczki kardamonu, 7 szklanek wody, 1 litr miodu, 4 łyżki octu jabłkowego własnej produkcji lub 2 łyżki soku z cytryny.

wykonanie:

Zioła wsypać do garnka, wlać wodę, zagotować, a następnie ogrzewać na bardzo małym ogniu około ½ godziny, przecedzić. Dodać miód i ocet, zagotować i gotować jeszcze 5 minut. Gorący syrop rozlać do butelek.

zastosowanie:

Wlać 1 łyżkę syropu do kieliszka bardzo ciepłej wody i popijać co godzinę, można też dodawać go do rozgrzewającej herbatki ziołowej.

Syrop z prawoślazu powinien stać w każdej kuchni, na wszelki wypadek - najskuteczniej działa, gdy zaczyna się kaszel.

***ziołowy kisiel - zaflegmienie dróg oddechowych, chrypka***

skład:

zmielony owoc anyżku, zmielone słodkie migdały, w równych częściach,

1 ½ łyżki ziemniaczanej mąki, kilka kropli soku z cytryny, do smaku sok malinowy, 2 szklanki wody.

wykonanie:

Do garnka wlać 1 ½ szklanki wody, wsypać do niej 1 łyżkę anyżku i 1 łyżkę migdałów, zagotować. Do ½ szklanki wody, wsypać ziemniaczaną mąkę i dokładnie wymieszać. Wlać na wrzącą wodę, dokładnie mieszając, by nie powstały grudki.
Dodać sok z cytryny, a także sok malinowy do smaku.

zastosowanie:

Ciepły kisielek spożywać można nawet kilka razy dziennie. Szczególnie polecam go dzieciom, jedzą chętnie, bo smaczny, a do tego oczyszcza drogi oddechowe.

*prawoślaz*

# ZAKOŃCZENIE

## *Kuracja „Cztery kroki do zdrowia", by utrzymać ciało w zdrowiu*

Kuracja „Cztery kroki do zdrowia", choć prosta i czytelna, nie zawsze dla nas, nowoczesnych ludzi jest łatwa, wszak daleko odeszliśmy od normalności. Tak daleko, że już nawet zapomnieliśmy, że jesteśmy cząstką natury i jej prawom podlegamy. Nasze ciało z Ziemi pochodzi i zbudowane jest z tego samego co rośliny, drzewa. Spożywając więc pokarm rosnący na polach i łąkach zapewniamy organizmowi zdrowie, siłę i energię do życia. Jednak coraz częściej nowocześni ludzie pytają czy dzieci mogą pić herbatki ziołowe. A mogą pić kolorowe napoje, które ze zdrowiem nie mają nic wspólnego? Herbatki zaś ziołowe, które są tak delikatne jak uśmiech nieba, jak radość słońca, jak ożywczy podmuch letniego zefirku są najcudowniejszym eliksirem życia. Pewna pani stwierdziła, że herbatki ziołowe powodują u niej alergię. To nie zioła tworzą alergię, to chemiczna, kolorowa papka, którą spożywamy, niszczy organizm. Wyniszczony, udziwniony i okaleczony nie rozpoznaje naturalnych ziół, wszak nie ma enzymów odpowiednich do ich przyswojenia. W takim przypadku należy wrócić do naturalnego, ciepłego pożywienia i do mocno rozcieńczonych, delikatnych herbatek ziołowych, by organizmowi dać szansę na zdrowie. Nie wolno rezygnować z ziół, bo to już ostatni naturalny bastion, który ostał się na naszej Ziemi.

Kuracja „Cztery kroki do zdrowia" to otwarte serce Natury, które wciąż mocno bije. Zapraszam więc do mojego urokliwego, prawdziwego świata po zdrowie.

*Stefania Korżawska*

# SPIS TREŚCI

## *Szanowni Państwo,*

*Nie wolno tracić nadziei, nawet wtedy, gdy inni już nadziei na życie nam nie dają.*
*Niejednokrotnie po wykładach słuchałam opowieści wielu z Państwa o cudownym uzdrowieniu. Zresztą i mnie dane było obcować z cudem, przynajmniej 2 razy w życiu. I żyję, i Bóg przekazał mi tak wiele siły i miłości, bym mogła umęczonych chorobą prowadzić prostą droga do zdrowia. Bez tej drogi jesteśmy skazani na cywilizację, a ta choć na pozór piękna, łatwa i przyjemna, to niestety z chorobami trzyma.*

*Takie listy jak ten od Pani z Gorzowa Wielkopolskiego czy pełen miłości i wdzięczności list od pacjentki z Bydgoszczy motywują mnie do pracy, uskrzydlają, dzięki nim każdego dnia staję się mocniejsza i z ogromną wiarą, ufnością kreślę wszystkim zagubionym prostą drogę prowadzącą wśród urokliwych darów Pana do zdrowia.*

*Pani Stefanio,*

*dzięki Pani stanęłam na nogi, byłam wrakiem. Po operacji ginekologicznej zapadałam na coraz to nowe choroby. Przez 9 miesięcy przyjęłam 8 serii różnych antybiotyków. Miałam zanik mięśni szkieletowych, a lekarze nie umieli mi pomóc. Kręgosłup, biodra i wszystkie stawy bardzo mnie bolały.*
*Do tego nic nie mogłam jeść. Wszystko mnie bolało, nie bolały mnie tylko paznokcie. Myślałam, że umieram. Szukałam pomocy, aż trafiłam na Pani książkę „Przewodnik po zdrowym życiu", a później kupowałam sukcesywnie Pani książki. Solidnie stosowałam się do Pani porad i dziś czuję się jak 30-sto latka. Z radością i ze smakiem popijamy z rodziną Pani herbatki, syropy i nalewki i ze łzami w oczach D Z I Ę K U J Ę Pani STEFANIO.*

*Modlę się, aby Bóg wynagrodził Pani za dobroć. Uratowała mi Pani życie.*

*Pani Stefanio,*

*chciałam Pani podziękować w imieniu tych wszystkich, którzy nie dziękują, a czerpią z Pani daru mądrości.*
*Jest Pani ważna dla świata, Pani świadectwo jest potrzebne. DZIĘKUJĘ, iż tak wielkodusznie realizuje Pani swoje powołanie. Bóg zapłać za wszelką pomoc udzieloną ludziom.*
*Chwała Panu.*

*Ja też dziękuję i Państwu i Bogu Najwyższemu, że postawił mnie na takiej cudownej drodze. I cieszę się, że moje zioła nie są już niepotrzebnymi chwastami, tylko paniczami, książętami, baletnicami, kochankami słońca, dobrodusznymi matkami. Zostały zaproszone do wielu domów i szczęśliwie rozsiadają się w kuchniach, podziwiają salony, są ozdobą balkonów, przydomowych ogródków, coraz częściej goszczą też w studiach radiowych i telewizyjnych. Witają się z redaktorami, w blasku świateł pokazują swoje najcudowniejsze sukieneczki i elegancko skrojone surduciki – a niektóre z nich to urodzeni celebryci, omalże z koszyczka na telewizyjny stół nie wyskoczą. I wierzę głęboko, że kwiatki Ziemi Polskiej dzięki osobliwemu urokowi i dzięki szczerej, głębokiej miłości zdołają ponure oblicze cywilizacyjnego świata odmienić.*

*Pozdrawiam Państwa ze swojego ziołowego świata*

*wierna przyjaciółka ziół*
*Stefania Korżawska*

## *Zaproszenie na moje Herbatki Ziołowe*

Zapraszam Państwa do obfitego stołu Natury, proszę rozkoszować się prawdziwym pożywieniem i życiodajnymi Herbatkami Ziołowymi.

Moje Herbatki Ziemiańskie, Magnackie, Książęce, Hetmańskie przygotowane z ekologicznych ziół, są już w sprzedaży. Można je kupić w sklepach ziołowych, a także sklepie internetowym *www.sklepzziolami.pl*

### *Herbatka Mistrzowska*

Polecam Herbatkę Mistrzowską zdrowym i chorym, bo buduje zdrowie. Przede wszystkim rozgrzewa organizm, by mógł prawidłowo wykonywać funkcje życiowe.
Dlatego też pomaga alergikom, chorym na reumatyzm, zatoki, choroby krążeniowe. Chętnie sięgają również po nią chorzy na nowotwory, wszak wzmacnia system odpornościowy. Herbatkę mogą popijać i dorośli, i dzieci przez długi czas, a nawet całe życie. Ma przyjemny, nieco oryginalny smak, może więc z powodzeniem zastąpić zwykłą herbatę. Herbatka Mistrzowska to połączenie łagodnego zefirku z południową mocą słońca, stąd perfekcyjnie działa na cały organizm, dodając mu siły i energii do życia.

### *Herbatka Ziemiańska*

Herbatkę o podobnym składzie podawano jako wytworny i pyszny napój do posiłków w dworach magnackich i szlacheckich. Przede wszystkim dba ona o właściwą pracę żołądka, wątroby, likwiduje też stany zapalne jelit. Ale nie tylko, pomaga również chorym na wieńcówkę, miażdżycę, nadciśnienie czy żylaki, wszak liście porzeczki czarnej, liście poziomki, owoce jarzębiny skutecznie oczyszczają krew i naczynia krwionośne. Zdrowa więc krew radośniej popłynie także w naczyniach mózgowych, dzięki czemu poprawi się koncentracja, pamięć, ustąpi zmęczenie i powróci radość życia.

### *Herbatka Magnacka na dobre samopoczucie*

Herbatka Magnacka dzielnie walczy ze stresem. Zioła wchodzące w jej skład są pogromcami czarnych myśli, a jednocześnie niezawodnymi opiekunami pełnymi radości i ciepła. Dzięki nim umysł jest rozświetlony, serce mocne, zdrowa zaś krew ożywia ducha, a także wzmacnia ciało. Nic więc dziwnego, że herbatka ta przywraca równowagę nawet po ciężkich przeżyciach, przynosi ukojenie, otacza serdecznością, przekazuje wiarę we własne siły i możliwości.

### *Herbatka Książęca – smukła sylwetka*

Herbatka Książęca czyni sylwetkę zgrabną, a ciało zdrowe, wszak zioła wchodzące w jej skład usprawniają pracę wątroby i nerek. Dzięki temu będzie lepsza przemiana materii, stąd nie tylko nastąpi redukcja masy ciała, ale także poprawi się krążenie, ustabilizuje poziom cukru we krwi, a także obniży cholesterol i trójglicerydy. Czysta i życiodajna krew dożywi każdą komórkę ciała, dodając mu tym samym siły i energii do życia.

### *Ambrozja Antyprzeziębieniowa*

Ta pachnąca letnim słońcem herbatka to doskonały sposób na dokuczliwe zimno. Kwiat lipy wszak wprowadza do organizmu promienie letniego słońca, które nie tylko zapewniają przyjemne ciepło, ale także ukoją nerwy, przywrócą sens i radość życia. Macierzanka zaś ma działanie rozgrzewające i podobnie jak cząber przeciwzapalne. Czarny bez i jarzębina dodatkowo wzmocnią i rozgrzeją organizm.

## *Herbatka Hetmańska na gardłowe problemy*

Herbatka Hetmańska była niezwykle ceniona w dawnej Polsce przez ludzi, którzy o głos musieli zadbać. Spodobała się również polskim hetmanom, nie mogli bowiem pozwolić sobie na gardłowe problemy, szczególnie zaś wtedy, gdy musieli wydawać błyskawiczne komendy na polu bitwy.

Herbatka ta leczy nadwerężone struny głosowe, chrypkę, jest pomocna przy anginie czy trudnym do wyleczenia kaszlu, wszak regeneruje drogi oddechowe, przyspiesza usuwanie nagromadzonego tam chorobotwórczego śluzu, nawilża wysuszoną śluzówkę. Wzmacnia też system odpornościowy, dzięki czemu skutecznie rozprawi się z chorobotwórczymi bakteriami i wirusami.

## *Herbatka Królewska Dar dla zdrowia*

Herbatka o wręcz cudownym działaniu – oczyszcza organizm, odżywia, odbudowuje szpik kostny, rozprawia się z wirusami i chorobotwórczymi bakteriami. Powinni popijać ją więc wyniszczeni chorobą, czekający na operację, przy chemioterapii i radioterapii. Warto popijać ją też zapobiegawczo, czyli 2 – 3 razy w roku przez miesiąc, by wzmocnić system odpornościowy, by zapewnić organizmowi zdrowie.

## *Kawa Energetyczna*

Kawa Energetyczna dzięki dodatkowi ziół i przypraw, które wchodzą w jej skład, sprawi, że rozgrzeje organizm jak letnie słońce, a tym samym przekaże mu zdrową energię do życia. Stąd nie tylko sprawniej popracują nerki, wątroba, jelito grube czy żołądek, ale także serce będzie weselsze, rozświetlony umysł, poprawi się więc koncentracja i pamięć.

## Z serii książek mgr Stefanii Korżawskiej ukazały się:

1. Przewodnik po zdrowym życiu
2. Zdrowie na co dzień
3. Prosta droga do zdrowia
4. Pospolite ruszenie przeciw nowotworom
5. Po zdrowie z ziołami
6. Od depresji do życia
7. Odchudzanie bez odchudzania
8. Wytrwać w zdrowiu
9. Wybrałam zdrowie dla dziecka
10. Budować zdrowie
11. Drogowskazy zdrowia
12. Ziołowe ambrozje
13. Cztery kroki do zdrowia
14. Ziołowe gotowanie
15. Słoneczne zioła na chrypki, grypki
16. Braterska pomoc dla zdrowia
17. Ziołowi posłańcy zdrowia
18. Ziołowy duet dla zdrowia
19. Pokochaj zdrowie
20. Nie ma przyzwolenia na choroby
21. Zdrowie jest proste
22. Zamknąć wrota przed grypą
23. Odnowienie organizmu
24. Bez nadciśnienia
25. Choroby krążeniowe
26. Kręgosłup bez bólu
27. Wiosenne kuracje
28. Po młodość do natury
29. Kobiece dolegliwości
30. Obrońcy zdrowia